AF389274

Exposé.

Le but de cet Ouvrage est de déterminer le prix de chaque qualité de Blé, réglé sur le prix et le poids de l'hectolitre.

De faire connaître les rendements en farine en son, en déchets ; la quantité de pain qu'un poids quelconque de blé de chaque qualité peut donner.

Ce travail est le fruit d'études approfondies et d'expériences réitérées. Personne, jusqu'à ce jour, n'est arrivé à pouvoir déterminer la valeur réelle et les rendements des blés de toutes les qualités.

Nous avons mis à la portée de tout le monde, cet ouvrage qui sera également utile aux Cultivateurs, aux Meuniers et aux Boulangers.

En effet, si les Cultivateurs pouvaient régler, d'après les cours, la valeur de leurs blés, ils seraient à l'abri de mécomptes qui leur sont souvent très préjudiciables.

Bien des Cultivateurs font moudre leurs blés, font faire le pain dans leurs fermes ; à l'aide de ce travail, ils pourront connaître, à l'avance, le rendement de leurs blés et la quantité de pain qu'ils peuvent obtenir.

Ils pourraient même, connaissant le rendement de leurs blés, baser exactement leurs prix sur le cours des farines.

Quant aux Meuniers, ils pourront faire leurs achats judicieusement, ils auront, à l'avance, sous les yeux le résultat de leurs opérations et ne seront plus assujétis à des mécomptes.

À l'aide de cet Ouvrage, les Boulangers pourront régler leurs achats de farine sur le Cours des blés, car le prix des blés est la base du Cours des farines.

Dans les contrées où les Boulangers achètent le blé et le font moudre, ils sauront à l'avance et exactement, la quantité et la qualité de farine et de pain que leur blé devra leur rapporter.

Les intérêts du Cultivateur sont liés à ceux du Meunier, pour la même raison que ceux du Meunier sont liés aux intérêts du Boulanger; car si chacun connaissait d'avance les bénéfices de l'autre, il pourrait se baser dessus, et si l'un avait un surcroît de de bénéfice, ce ne serait plus au détriment de l'autre.

———

Les prix réels de quelques blés ne sont pas exactement les mêmes que ceux des blés ordinaires. Ces blés ont été l'objet d'une étude particulière de notre part, en voici ce que nous avons remarqué.

des Blés défectueux.

———

Les Prix des Farines des Blés défectueux, en général, à l'exception toutefois des blés rongés par les insectes, ne sont pas proportionnés aux poids de ces Blés. Il est nécessaire pour en connaître exactement la valeur, de tenir compte de cette particularité.

Exemple : Si un hectolitre de Blé noirci ou graineux, ou gras ou gris, etc ; pèse 80 K° et que sa farine ne soit que d'un poids égal à celle d'un blé pesant 70 K° ; On aura 80 K°

de blé dont la valeur réelle ne sera que de celle d'un hectolitre de blé pesant 70 K°.

En effet, nous voyons dans nos Tableaux qu'il y a une assez forte réduction de prix.

des Blés humides.

Si l'on prend un hectolitre de Blé bien sec, et qu'on le fasse imbiber avec un litre d'eau, au bout de quelques heures on aura 103 litres de blé. — Ainsi: pour un litre d'eau que l'on verse dans un hectolitre de blé, le blé gonfle de trois litres ; en outre, il prend un aspect d'autant supérieur à celui de ce poids.

Exemple : Du blé humide qui aura l'aspect d'un blé de 80 Kil. et ne pesera que 77 Kil 50 contiendra 1 litre d'eau, en conséquence sa valeur ne sera plus que celle d'un blé de 75 Kil°.

L'aspect et la valeur réelle sont dans les mêmes proportions vis-à-vis du poids.

des Blés sales et poussiéreux.

Il y a aussi souvent sur les Marchés des blés salés et pleins de poussière, c'est à l'acheteur à estimer la quantité de déchet qu'ils peuvent donner, et à en diminuer le prix.

N. B. — Il est bien entendu que dans tout le cours de notre Ouvrage nous ne tenons pas compte du poids des sacs.

Contrôle des Farines.

Les transactions de blé ne peuvent se faire judicieusement qu'en prenant le poids pour contrôle de la mesure, et la mesure pour contrôle du poids.

Les farines provenant de blés de même nature diffèrent d'autant de qualité que le blé diffère de poids.

Pour connaître la valeur des farines, il est indispensable d'avoir des échantillons provenant de tous les poids des blés ; ces échantillons sont autant de types auxquels on peut comparer les farines dont on veut connaître la valeur d'après celle du blé dont elles proviennent. (On pourrait les classer par degrés).

Les personnes qui n'emploient que certaines qualités de farine peuvent se borner au type qu'elles emploient.

Le prix du blé n'est pas le seul régulateur du prix des farines, il faut aussi le prix du son.

Quoique le prix de chaque qualité de

blé diffère pour son poids et sa qualité par la quantité qu'il faut pour faire un certain poids de farine, le prix de revient de telle qualité ou poids de blé est le même.

La différence de prix qui existe d'une qualité de farine à l'autre provient de ce que moins un blé pèse, plus il donne de son, c'est donc la quantité de son qui règle la différence de prix qu'il y a d'une farine à l'autre.

Exemple :

1° Sur 157 K° de farine ;

2° Sur 5 qualités de farines les plus employées ;

3° Sur du blé de 26,00 l'hectolitre du poids de 80 K° pris pour base ;

4° Sur le son à 14,00 les % Kil.

5° Sur les frais de mouture à 3f 00 par 100 Kil. de farine.

Le blé du poids de 84 K° l'hectolitre vendra 24.66, il en faudra 234 lit 21c ou 196 K° 73 qui vendront 67. 13

Les frais de mouture s'élèveront à   4. 71
                                    ____
Total à reporter   71. 84

Report .. 71. 84

On aura à déduire 37 K° de son   5. 75

Ce Blé donnera des farines

supérieures qui vaudront 66. 09

Le blé du poids de 80 K° l'hectolitre
vendra 26.00, il en faudra 258 lit 22 ou 206 K° 58
qui vaudront 67. 13

Frais de mouture 4. 71

Total 71. 84

A déduire 47 K° de son . . .   7. 05

Ce blé donnera des farines

1re Qualité qui vaudront . . . .   64. 79.

Le Blé de 75 K° l'hectolitre vendra
22. 85, il en faut 293 lit 80 ou 220 K° 35 qui
auront une valeur de 67. 13

Frais de mouture 4. 71

Total 71. 84

On aura 60 K 44 de son..   9. 66

Ce blé donnera des farines

bis blanc qui vaudront 62. 18

Le Blé de 70 Ks l'hectolitre vendra
19.89, il en faudra 337 lit 27 ou 236 Ks 08 qui
vendront 67. 13
Frais de mouture 4. 71
____
Total. . . .   71. 84

On aura 75 Ks 63 de son
qui vendront 11. 34
Ce blé donnera des farines _____________
bises qui vendront 60. 50
____

Le Blé de 65 Ks l'hectolitre, vendra
17.16, il en faut 391 lit 15 ou 254 Ks 24 qui
vendront 67. 13
Frais de mouture 4. 71
____
Total. . . .   71. 84

On aura 93 k 38 de son qui
vendront 13. 07
Ce blé donnera des farines _____________
communes qui vendront 58. 77
____

Il sera facile de se rendre un compte
exact du prix des farines, d'après le cours
des blés en se servant du Tableau du prix

de revient du blé pour chaque poids de
farine.

Lorsque l'on connaîtra le prix réel de
chaque qualité de blé, on ne tentera plus de
faire des mélanges de farines provenant de
graines ou blé autre que le froment, car ces
spéculations sont mal entendues.

Toute farine étrangère à celle du froment
vient en abaisser la qualité et par conséquent
diminuer la valeur qui n'est jamais compensée
Les farines de froment de tel poids ou qualité
de blé qu'elles proviennent ont une teinte qui
leur est particulière. Tout mélange de farines
étrangères à celle du froment n'échappe pas
à l'œil exercé, pour celui qui ne l'est pas les
types sont indispensables.

Pour bien juger, il faut examiner les
farines remuées et lissées, il faut aussi les
voir au reflet.

Il existe aussi certains usages qui ne
sont pas raisonnés, c'est de vouloir retirer
plus de farine qu'il n'en existe dans le
blé ; pour arriver à un tel résultat une cer-
taine quantité de son est obligée de se mêler
à la farine, il en abaisse la qualité et la

valeur dans une proportion triple du bénéfice que l'on en retire.

Les farines provenant de blé trop humides ont leurs inconvénients: fraîches elles ne donnent pas autant de pain que les autres au pétrin, elles absorbent moins d'eau et sont plus difficiles à travailler. Lorsqu'elles sont en magasin, l'humidité descend au fond du sac et y fait une pâte qui durcit avec le temps.

La réduction que l'on peut faire sur ces farines est de 2 à 4 Kilogs de farine par % Kilogs.

On peut les connaître par un léger reflet verdâtre que les autres n'ont pas.

Farines supérieures.

Amélioration des Farines.

Certaines farines sont d'une qualité supérieure à celles que l'on retireraient d'un blé de 1re Qualité. On obtient ces farines en prenant la fleur des farines ordinaires et on prend cette fleur dans des proportions plus ou moins grandes, suivant que l'on veuille que les farines soient plus ou moins belles.

On peut néanmoins connaître le prix de cette farine, par la valeur de celle qui reste après que l'on a pris la fleur.

Opérons sur 157 Ks de farine provenant de blé de 80 Ks l'hectolitre, dont le prix est de 64.f 79

Si l'on retire 25 Kilogs de fleur de cette farine, il restera 132 Kilogs, si ces 132 Ks ressemblent au type provenant du blé de 70 Ks l'hectolitre, dont la

base est de 26.15 l'hectolitre du
poids de 80 Kilos.

Ces 132 Kos vaudront 50. 85

Il restera pour les 25 Kos
de fleur . . . . 13. 94.

Par conséquent le sac de
157 Kos de cette farine vaudra . . . 37. 54

Supposons que l'on veuille améliorer
la farine provenant du blé du poids de 70 Kos
dont la base est de 26.f l'hectolitre du poids
de 80 Kos

Les 157 Kos de cette farine valent 60. 50

Que l'on en retire 50 Kos
il restera 107 Kos ces derniers ; on
cherchera à quel type ils ressemblent.

S'ils ressemblent au type provenant du blé de 80 Kil. l'hectolitre
dont le prix est de 64. 73

Les 107 Kos vaudront 44. 14

Il reste pour les 50 Kos 16. 36

Par conséquent les 157 Kos
de cette farine vaudront   51. 37.

———

Les mélanges de blé avec Orge, seigle diffèrent trop peu
pour les rendements pour faire des Tableaux spéciaux.

Tableaux

des

Prix Réels

de toutes les Qualités de Blés

basés

sur le prix et le poids de l'hectolitre

pesant **80 Kil.**

Tableau N.º 1

Prix de l'hectolitre
basé
sur le prix de l'hectolitre à 80 Kilogs.

Explication.

La première Colonne verticale qui commence par 65 et finit par 84 indique les poids, depuis le plus faible jusqu'au plus fort, qu'un hectolitre de blé puisse avoir.

Les lignes horizontales contiennent les prix des hectolitres de blé du poids correspondant dans la première colonne verticale.

La première colonne horizontale séparée contient les prix de l'hectolitre de blé, à partir du plus bas qu'il puisse avoir, c'est-à-dire 12 francs, et en augmentant toujours de 0ᶠ25ᶜ jusqu'au plus haut, c'est-à-dire 40 francs.

Ces prix sont basés sur le prix d'un hectolitre de blé pesant 80 Kilogs et sont eux-mêmes la base des prix contenus dans les Colonnes verticales correspondantes.

Manière
de se servir de ce Tableau.

Pour bien comprendre la manière de se servir de ce Tableau, posons-nous un problème.

Par Exemple: Un hectolitre de blé pesant 80 K°. vaut 14 f. „ c.; Combien vaudra un hectolitre qui ne pèsera que 68 K°?

Cherchons dans la 1re Colonne verticale, intitulée poids de l'hectolitre, le nombre 68, suivons avec le doigt la ligne horizontale correspondante qui commence 8.67, et regardons à chaque nombre nouveau que nous rencontrons, le nombre de la Colonne horizontale séparée qui correspond à la Colonne verticale où se trouve le nombre que nous considérons, jusqu'à ce que nous ayons trouvé dans la colonne verticale séparée le nombre 14.

Lorsque nous avons trouvé dans la Colonne horizontale séparée le nombre 14, nous avons le doigt sur le nombre 10. 11.

L'hectolitre de blé pesant 68 Kilogs vaut 10 f 11.

Ainsi, en Résumé: On cherche dans la 1re Colonne verticale le poids de l'hectolitre de blé dont on veut trouver le prix, et on suit la ligne horizontale qui y correspond. On cherche ensuite dans la Colonne horizontale séparée le prix de l'hectolitre de blé pesant 80 Kos, On suit la Colonne verticale qui y correspond, et le nombre qui se trouve au point de jonction des deux lignes que l'on a suivies est le prix demandé.

Prix de l'hectolitre.

Poids de l'hectolitre	Valeur de l'hectolitre de 80 K.os prise pour base								
	12. „	12.25	12.50	12.75	13. „	13.25	13.50	13.75	14. „
	Valeur de l'hectolitre pesant depuis 65 jusqu'à 84 K.os								
65	7.92	8.08	8.25	8.41	8.58	8.74	8.91	9.07	9.24
66	8.16	8.33	8.50	8.67	8.84	9.01	9.18	9.35	9.52
67	8.41	8.58	8.76	8.93	9.11	9.28	9.46	9.63	9.81
68	8.67	8.85	9.03	9.21	9.39	9.57	9.75	9.93	10.11
69	8.92	9.10	9.29	9.47	9.66	9.84	10.03	10.22	10.40
70	9.18	9.37	9.56	9.75	9.94	10.13	10.32	10.51	10.71
71	9.45	9.64	9.84	10.03	10.23	10.42	10.62	10.82	11.01
72	9.72	9.92	10.12	10.32	10.53	10.73	10.93	11.13	11.34
73	9.99	10.19	10.40	10.61	10.82	11.03	11.23	11.44	11.65
74	10.26	10.47	10.68	10.90	11.11	11.32	11.54	11.75	11.97
75	10.54	10.75	10.97	11.19	11.41	11.63	11.85	12.07	12.29
76	10.83	11.05	11.28	11.50	11.73	11.95	12.18	12.40	12.63
77	11.11	11.34	11.57	11.80	12.03	12.26	12.49	12.73	12.96
78	11.40	11.63	11.87	12.11	12.35	12.58	12.82	13.06	13.30
79	11.70	11.94	12.18	12.43	12.67	12.91	13.16	13.40	13.65
80	12. „	12.25	12.50	12.75	13. „	13.25	13.50	13.75	14. „
81	12.30	12.55	12.81	13.06	13.32	13.58	13.83	14.09	14.35
82	12.60	12.86	13.12	13.38	13.65	13.91	14.17	14.43	14.70
83	12.90	13.16	13.43	13.70	13.97	14.24	14.51	14.78	15.05
84	13.23	13.50	13.78	14.05	14.33	14.60	14.88	15.15	15.43

Prix de l'hectolitre.

Poids de l'hectolitre	Valeur de l'hectolitre du poids de 80 K.ᵉˢ pris pour base.								
	14.25	14.50	14.75	15. „	15.25	15.50	15.75	16. „	16.25
	Valeur de l'hectolitre pesant depuis 65 jusqu'à 84 K.ᵉˢ								
65	9.40	9.57	9.73	9.90	10.06	10.23	10.39	10.56	10.72
66	9.69	9.86	10.03	10.20	10.37	10.54	10.71	10.88	11.05
67	9.38	10.16	10.33	10.51	10.68	10.86	11.04	11.21	11.39
68	10.24	10.47	10.65	10.83	11.01	11.19	11.37	11.56	11.74
69	10.59	10.77	10.96	11.15	11.33	11.52	11.70	11.89	12.08
70	10.90	11.09	11.28	11.47	11.66	11.85	12.04	12.24	12.43
71	11.21	11.40	11.60	11.79	11.99	12.19	12.38	12.58	12.77
72	11.54	11.74	11.94	12.15	12.35	12.55	12.75	12.96	13.16
73	11.86	12.07	12.28	12.48	12.69	12.90	13.11	13.31	13.52
74	12.18	12.39	12.61	12.82	13.03	13.25	13.46	13.68	13.89
75	12.51	12.73	12.95	13.17	13.39	13.61	13.84	14.05	14.27
76	12.86	13.08	13.31	13.53	13.76	13.98	14.21	14.43	14.66
77	13.19	13.42	13.65	13.88	14.12	14.35	14.58	14.81	15.04
78	13.53	13.77	14.01	14.25	14.48	14.72	14.96	15.20	15.44
79	13.89	14.13	14.38	14.62	14.86	15.11	15.35	15.60	15.84
80	14.25	14.50	14.75	15. „	15.25	15.50	15.75	16.06	16.25
81	14.60	14.86	15.11	15.37	15.63	15.88	16.14	16.39	16.65
82	14.96	15.22	15.48	15.75	16.01	16.27	16.54	16.80	17.06
83	15.31	15.48	15.85	16.12	16.39	16.66	16.93	17.20	17.46
84	15.71	15.98	16.26	16.53	16.81	17.08	17.36	17.63	17.91

Prix de l'hectolitre.

Poids de l'hectolitre	Valeur de l'hectolitre du poids de 80 Kilogs pris pour base.								
	16.50	16.75	17.„	17.25	17.50	17.75	18.„	18.25	18.50
	Valeur de l'hectolitre pesant depuis 65 jusqu'à 84 Kᵉˢ.								
65	10.29	11.05	11.22	11.38	11.55	11.71	11.88	12.04	12.21
66	11.22	11.39	11.56	11.73	11.90	12.07	12.24	12.41	12.58
67	11.56	11.74	11.91	12.09	12.26	12.44	12.61	12.79	12.96
68	11.92	12.10	12.28	12.46	12.64	12.82	13.„	13.18	13.36
69	12.26	12.45	12.63	12.82	13.„	13.19	13.38	13.56	13.75
70	12.62	12.81	13.„	13.19	13.38	13.57	13.77	13.96	14.15
71	12.97	13.17	13.36	13.56	13.75	13.95	14.14	14.34	14.54
72	13.36	13.56	13.77	13.97	14.17	14.37	14.58	14.78	14.98
73	13.73	13.94	14.15	14.36	14.56	14.77	14.98	15.19	15.40
74	14.10	14.32	14.53	14.74	14.96	15.17	15.39	15.60	15.81
75	14.49	14.71	14.93	15.15	15.37	15.59	15.81	16.03	16.25
76	14.89	15.11	15.34	15.58	15.79	16.01	16.24	16.47	16.69
77	15.27	15.51	15.74	15.97	16.20	16.43	16.66	16.90	17.13
78	15.68	15.92	16.16	16.39	16.63	16.87	17.10	17.34	17.58
79	16.08	16.32	16.57	16.81	17.06	17.30	17.55	17.79	18.03
80	16.50	16.75	17.„	17.25	17.50	17.75	18.„	18.25	18.50
81	16.91	17.16	17.62	17.68	17.93	18.19	18.44	18.76	18.96
82	17.32	17.59	17.85	18.11	18.37	18.64	18.90	19.16	19.43
83	17.73	18.„	18.27	18.54	18.81	19.08	19.35	19.61	19.88
84	18.19	18.46	18.74	19.01	19.29	19.56	19.84	20.12	20.39

Prix de l'hectolitre.

Poids de l'hectolitre.	Valeur de l'hectolitre du poids de 80 K?. pris pour base.								
	18.75	19. „	19.25	19.50	19.75	20. „	20.25	20.50	20.75
	Valeur de l'hectolitre pesant 65 jusqu'à 84 Kil?.								
65	12.37	12.54	12.70	12.87	13.03	13.20	13.36	13.53	13.69
66	12.75	12.92	13.09	13.26	13.43	13.60	13.77	13.94	14.11
67	13.14	13.31	13.49	13.67	13.84	14.01	14.19	14.37	14.54
68	13.54	13.72	13.90	14.08	14.26	14.44	14.62	14.81	14.99
69	13.93	14.12	14.31	14.49	14.68	14.86	15.05	15.24	15.42
70	14.34	14.53	14.72	14.91	15.10	15.30	15.49	15.68	15.87
71	14.73	14.53	15.12	15.32	15.51	15.71	15.91	16.10	16.30
72	15.18	15.39	15.59	15.79	15.99	16.20	16.40	16.60	16.80
73	15.61	15.81	16.02	16.23	16.44	16.65	16.86	17.06	17.27
74	16.03	16.24	16.45	16.67	16.88	17.10	17.31	17.52	17.74
75	16.47	16.69	16.91	17.13	17.35	17.57	17.79	18.01	18.23
76	16.92	17.14	17.37	17.59	17.82	18.04	18.27	18.50	18.72
77	17.36	17.59	17.82	18.05	18.28	18.52	18.75	18.98	19.21
78	17.82	18.06	18.30	18.13	18.77	19.01	19.25	19.48	19.72
79	18.28	18.52	18.76	19.01	19.25	19.50	19.74	19.98	20.23
80	18.75	19. „	19.25	19.50	19.75	20. „	20.25	20.50	20.75
81	19.21	19.47	19.72	19.98	20.24	20.49	20.75	21.01	21.26
82	19.69	19.95	20.21	20.48	20.74	21. „	21.26	21.53	21.79
83	20.15	20.42	20.69	20.96	21.23	21.50	21.76	22.03	22.30
84	20.67	20.94	21.22	21.49	21.77	22.04	22.32	22.60	22.87

Prix de l'hectolitre.

Poids de l'hectolitre	Valeur de l'hectolitre du poids de 80 Kᵍ pris pour base.								
	21. „	21.25	21.50	21.75	22. „	22.25	22.50	22.75	23. „
	Valeur de l'hectolitre pesant depuis 65 jusqu'à 84 Kᵍ								
65	13.86	14.02	14.19	14.35	14.52	14.68	14.85	15.01	15.18
66	14.28	14.45	14.62	14.79	14.96	15.13	15.30	15.47	15.64
67	14.72	14.89	15.07	15.24	15.42	15.59	15.77	15.95	16.12
68	15.17	15.35	15.53	15.71	15.89	16.07	16.25	16.43	16.61
69	15.61	15.79	15.98	16.17	16.35	16.54	16.72	16.91	17.09
70	16.06	16.25	16.44	16.63	16.83	17.02	17.21	17.40	17.59
71	16.49	16.69	16.89	17.08	17.28	17.47	17.67	17.86	18.06
72	17.01	17.21	17.41	17.61	17.82	18.02	18.22	18.42	18.63
73	17.48	17.68	17.89	18.10	18.31	18.52	18.73	18.93	19.14
74	17.95	18.16	18.38	18.59	18.81	19.02	19.23	19.45	19.66
75	18.45	18.67	18.89	19.11	19.33	19.54	19.77	19.99	20.21
76	18.95	19.17	19.40	19.62	19.85	20.07	20.36	20.53	20.75
77	19.44	19.67	19.91	20.14	20.37	20.60	20.83	21.06	21.30
78	19.96	20.20	20.43	20.67	20.91	21.15	21.39	21.62	21.86
79	20.47	20.71	20.96	21.20	21.45	21.69	21.93	22.18	22.42
80	21. „	21.25	21.50	21.75	22. „	22.25	22.50	22.75	23. „
81	21.52	21.77	22.03	22.29	22.54	22.80	23.06	23.31	23.57
82	22.05	22.31	22.58	22.84	23.10	23.37	23.63	23.89	24.15
83	22.57	22.84	23.11	23.38	23.65	23.91	24.18	24.45	24.72
84	23.15	23.42	23.70	23.97	24.25	24.52	24.80	25.05	25.35

Prix de l'hectolitre.

Poids de l'hectolitre	Valeur de l'hectolitre du poids de 80 K. pris pour base								
	23.25	23.50	23.75	24. ..	24.25	24.50	24.75	25. ..	25.25
	Valeur de l'hectolitre pesant depuis 65 jusqu'à 84 Kil.								
65	15.34	15.51	15.67	15.84	16. „	16.17	16.33	16.50	16.66
66	15.81	15.98	16.15	16.32	16.49	16.66	16.83	17. „	17.17
67	16.30	16.47	16.65	16.82	17. „	17.17	17.35	17.52	17.70
68	16.79	16.97	17.15	17.33	17.51	17.70	17.88	18.06	18.24
69	17.28	17.47	17.65	17.84	18.02	18.21	18.40	18.58	18.77
70	17.78	17.97	18.16	18.36	18.55	18.74	18.93	19.12	19.31
71	18.26	18.45	18.65	18.84	19.04	19.24	19.43	19.63	19.82
72	18.83	19.03	19.23	19.44	19.64	19.84	20.04	20.25	20.45
73	19.35	19.56	19.77	19.97	20.18	20.39	20.60	20.81	21.01
74	19.87	20.09	20.30	20.52	20.73	20.94	21.16	21.37	21.58
75	20.43	20.65	20.87	21.09	21.31	21.53	21.75	21.97	22.19
76	20.98	21.20	21.43	21.65	21.88	22.11	22.33	22.56	22.78
77	21.53	21.76	21.99	22.22	22.45	22.69	22.92	23.15	23.38
78	22.10	22.34	22.57	22.81	23.05	23.29	23.52	23.76	24. „
79	22.66	22.91	23.15	23.40	23.64	23.88	24.13	24.37	24.61
80	23.25	23.50	23.75	24.00	24.25	23.50	24.75	25. „	25.25
81	23.82	24.08	24.34	24.59	24.85	25.11	25.36	25.62	25.88
82	24.42	24.68	24.94	25.20	25.47	25.73	25.99	26.26	26.52
83	24.99	25.26	25.53	25.80	26.06	26.33	26.60	26.87	27.14
84	25.63	25.90	26.18	26.45	26.73	27.01	27.28	27.56	27.83

Prix de l'hectolitre.

Poids de l'hectolitre.	Valeur de l'hectolitre du poids de 80 K⁰ˢ pris pour base								
	25.50	25.75	26. „	26.25	26.50	26.75	27. „	27.25	27.50
	Valeur de l'hectolitre pesant depuis 65 jusqu'à 84 K⁰ˢ								
65	16.83	16.99	17.16	17.32	17.49	17.65	17.82	17.98	18.15
66	17.34	17.51	17.69	17.86	18.03	18.20	18.37	18.54	18.71
67	17.87	18.05	18.22	18.40	18.58	18.75	18.93	19.10	19.28
68	18.42	18.60	18.78	18.96	19.14	19.32	19.50	19.68	19.86
69	18.95	19.14	19.34	19.51	19.76	19.88	20.07	20.25	20.44
70	19.50	19.69	19.89	20.08	20.27	20.46	20.65	20.84	21.03
71	20.02	20.21	20.41	20.61	20.80	21. „	21.19	21.39	21.58
72	20.65	20.85	21.06	21.26	21.46	21.66	21.87	22.07	22.27
73	21.22	21.43	21.64	21.85	22.06	22.27	22.48	22.68	22.89
74	21.80	22.01	22.23	22.44	22.65	22.87	23.08	23.29	23.51
75	22.41	22.63	22.85	23.07	23.29	23.51	23.73	23.95	24.17
76	23.01	23.23	23.46	23.68	23.81	24.14	24.36	24.59	24.81
77	23.61	23.84	24.07	24.31	24.54	24.77	25. „	25.23	25.46
78	24.24	24.48	24.71	24.95	25.19	25.43	25.66	25.89	26.13
79	24.86	25.10	25.53	25.59	25.83	26.08	26.32	26.56	26.81
80	25.50	25.75	26. „	26.25	26.50	26.75	27. „	27.25	27.50
81	26.13	26.39	26.64	26.90	27.15	27.41	27.67	27.92	28.18
82	26.78	27.04	27.31	27.57	27.83	28.09	28.36	28.62	28.88
83	27.41	27.68	27.95	28.21	28.48	28.75	29.02	29.29	29.56
84	28.11	28.38	28.66	28.93	29.21	29.49	29.76	30.04	30.31

Prix de l'hectolitre.

Poids de l'hectolitre	Valeur de l'hectolitre du poids de 80 K.os pris pour base.								
	27.75	28.„	28.25	28.50	28.75	29.„	29.25	29.50	29.75
	Valeur de l'hectolitre pesant depuis 65 jusqu'à 84 K.os								
65	18.31	18.48	18.64	18.81	18.97	19.14	19.30	19.47	19.63
66	18.88	19.05	19.22	19.39	19.56	19.73	19.90	20.07	20.24
67	19.45	19.63	19.80	19.98	20.15	20.33	20.50	20.68	20.85
68	20.04	20.22	20.40	20.58	20.77	20.95	21.13	21.31	21.49
69	20.62	20.81	20.99	21.18	21.37	21.55	21.74	21.92	22.11
70	21.22	21.42	21.61	21.80	21.99	22.18	22.37	22.56	22.75
71	21.78	21.98	22.17	22.37	22.56	22.76	22.96	23.15	23.35
72	22.47	22.68	22.88	23.08	23.28	23.49	23.69	23.89	24.09
73	23.10	23.31	23.52	23.73	23.93	24.14	24.35	24.56	24.77
74	23.72	23.94	24.15	24.36	24.58	24.79	25.„	25.22	25.43
75	24.39	24.61	24.83	25.05	25.26	25.48	25.70	25.92	26.14
76	25.04	25.26	25.49	25.71	25.94	26.17	26.39	26.62	26.84
77	25.70	25.93	26.16	26.39	26.62	26.85	27.09	27.32	27.55
78	26.37	26.61	26.84	27.08	27.32	27.56	27.79	28.02	28.26
79	27.05	27.29	27.54	27.78	28.03	28.27	28.51	28.76	29.„
80	27.75	28.„	28.25	28.50	28.75	29.„	29.25	29.50	29.75
81	28.44	28.69	28.95	29.20	29.46	29.72	29.97	30.23	30.49
82	29.14	29.41	29.67	29.93	30.19	30.46	30.72	30.98	31.24
83	29.88	30.10	30.36	30.63	30.90	31.17	31.44	31.71	31.98
84	30.59	30.86	31.14	31.41	31.69	31.97	32.24	32.52	32.79

Prix de l'hectolitre.

Poids de l'hectolitre	Valeur de l'hectolitre du poids de 80 K^os pris pour base.								
	3o. „	3o. 25	3o.5o	3o.75	31. „	31.25	31.5o	31.75	32. „
	Valeur de l'hectolitre pesant depuis 65 jusqu'à 84 K^os								
65	19.8o	19.96	20.13	20.29	20.46	20.62	20.79	20.95	21.12
66	20.41	20.58	20.75	20.92	21.09	21.26	21.43	21.6o	21.77
67	21.03	21.21	21.38	21.56	21.73	21.91	22.08	22.26	22.43
68	21.67	21.85	22.03	22.21	22.39	22.57	22.75	22.93	23.11
69	22.29	22.48	22.67	22.85	23.04	23.22	23.41	23.6o	23.78
7o	22.95	23.14	23.33	23.52	23.71	23.90	24.09	24.28	24.48
71	23.54	23.74	23.93	24.13	24.33	24.52	24.72	24.91	25.11
72	24.3o	24.5o	24.7o	24.90	25.11	25.31	25.51	25.71	25.92
73	24.97	25.18	25.39	25.6o	25.81	26.02	26.22	26.43	26.64
74	25.65	25.86	26.07	26.29	26.5o	26.71	26.93	27.14	27.36
75	26.36	26.58	26.8o	27.01	27.29	27.5o	27.67	27.89	28.11
76	27.07	27.29	27.52	27.75	27.97	28.20	28.42	28.65	28.87
77	27.78	28.01	28.24	28.48	28.71	28.94	29.17	29.40	29.63
78	28.5o	28.74	28.97	29.21	29.45	29.69	29.92	30.16	3o.40
79	29.24	29.49	29.73	29.98	30.72	30.46	30.71	3o.95	31.19
8o	3o. „	3o.25	3o.5o	3o.75	31. „	31.25	31.5o	31.75	32. „
81	30.74	31. „	31.25	31.51	31.77	32.02	32.28	32.53	32.79
82	31.51	31.77	32.03	32.3o	32.56	32.82	33.08	33.35	33.61
83	32.25	32.51	32.78	33.05	33.32	33.59	33.86	34.13	34.4o
84	33.07	33.34	33.62	33.90	34.17	34.45	34.72	35. „	35.27

Prix de l'hectolitre.

Poids de l'hectolitre	Valeur de l'hectolitre du poids de 80 K.º pris pour base.								
	32.25	32.50	32.75	33. „	33.25	33.50	33.75	34. „	34.25
	Valeur de l'hectolitre pesant depuis 65 jusqu'à 84 K.º								
65	21.28	21.45	21.61	21.78	21.94	22.11	22.27	22.44	22.60
66	21.94	22.11	22.28	22.45	22.62	22.79	22.96	23.13	23.30
67	22.61	22.78	22.96	23.13	23.31	23.49	23.66	23.84	24.01
68	23.29	23.47	23.65	23.84	24.02	24.20	24.38	24.56	24.74
69	23.97	24.15	24.34	24.53	24.71	24.90	25.08	25.27	25.45
70	24.67	24.86	25.05	25.24	25.43	25.62	25.81	26.01	26.20
71	25.30	25.50	25.70	25.89	26.09	26.28	26.48	26.68	26.87
72	26.12	26.32	26.52	26.73	26.93	27.13	27.33	27.54	27.74
73	26.85	27.06	27.26	27.47	27.68	27.89	28.10	28.31	28.51
74	27.57	27.78	28. „	28.21	28.42	28.64	28.85	29.07	29.28
75	28.33	28.55	28.77	28.99	29.21	29.43	29.65	29.87	30.09
76	29.10	29.32	29.55	29.78	30. „	30.25	30.45	30.68	30.90
77	29.86	30.10	30.33	30.56	30.79	31.02	31.25	31.49	31.72
78	30.64	30.88	31.11	31.35	31.59	31.83	32.06	32.30	32.54
79	31.44	31.68	31.93	32.17	32.41	32.66	32.90	33.14	33.39
80	32.25	32.50	32.75	33. „	33.25	33.50	33.75	34. „	34.25
81	33.05	33.30	33.56	33.82	34.08	34.33	34.59	34.85	35.10
82	33.87	34.13	34.40	34.66	34.92	35.18	35.45	35.71	35.97
83	34.66	34.92	35.20	35.47	35.74	36.01	36.28	36.55	36.81
84	35.55	35.82	36.10	36.38	36.65	36.93	37.20	37.48	37.87

Prix de l'hectolitre.

Poids de l'hectolitre	Valeur de l'hectolitre du poids de 80 K? pris pour base.								
	34.50	34.75	35..,	35.25	35.50	35.75	36..,	36.25	36.50
	Valeur de l'hectolitre pesant depuis 65 jusqu'à 84. K?								
65	22.77	22.93	23.10	23.26	23.43	23.59	23.76	23.92	24.09
66	23.47	23.64	23.81	23.98	24.15	24.32	24.49	24.66	24.83
67	24.19	24.36	24.54	24.71	24.89	25.06	25.24	25.41	25.59
68	24.92	25.10	25.28	25.46	25.64	25.82	26..,	26.19	26.37
69	25.64	25.83	26.01	26.20	26.38	26.57	26.76	26.94	27.13
70	26.39	26.58	26.77	26.96	27.15	27.34	27.54	27.73	27.92
71	27.07	27.26	27.46	27.65	27.85	28.05	28.24	28.44	28.63
72	27.94	28.14	28.35	28.55	28.75	28.96	29.16	29.36	29.56
73	28.72	28.93	29.14	29.35	29.55	29.76	29.97	30.18	30.39
74	29.49	29.71	29.92	30.13	30.35	30.56	30.78	30.99	31.20
75	30.31	30.53	30.75	30.97	31.19	31.41	31.63	31.85	32.07
76	31.13	31.35	31.58	31.81	32.03	32.26	32.48	32.71	32.93
77	31.95	32.18	32.41	32.64	32.88	33.11	33.34	33.57	33.80
78	32.78	33.01	33.25	33.49	33.73	33.97	34.20	34.44	34.68
79	33.63	33.88	34.12	34.36	34.61	34.85	35.09	35.34	35.58
80	34.50	34.75	35..,	35.25	35.50	35.75	36..,	36.25	36.50
81	35.56	35.61	35.87	36.13	36.38	36.64	36.90	37.15	37.41
82	36.24	36.50	36.76	37.02	37.29	37.55	37.81	38.07	38.34
83	37.08	37.35	37.62	37.89	38.16	38.43	38.70	38.96	39.23
84	38.03	38.30	38.58	38.86	39.13	39.41	39.68	39.96	40.23

Prix de l'hectolitre

Poids de l'hectolitre	Valeur de l'hectolitre du poids de 80 K.os pris pour base.								
	36.75	37. „	37.25	37.50	37.75	38. „	38.25	38.50	38.75
	Valeur de l'hectolitre pesant depuis 65 jusqu'à 84 K.os								
65	24.25	24.42	24.58	24.75	24.91	25.08	25.24	25.41	25.57
66	25. „	25.17	25.34	25.51	25.68	25.85	26.02	26.19	26.36
67	25.76	25.94	26.12	26.29	26.47	26.64	26.81	26.98	27.16
68	26.55	26.73	26.91	27.09	27.27	27.45	27.63	27.81	27.99
69	27.31	27.50	27.69	27.87	28.06	28.24	28.43	28.62	28.80
70	28.11	28.30	28.49	28.68	28.87	29.07	29.26	29.45	29.64
71	28.83	29.03	29.22	29.42	29.61	29.81	30. „	30.20	30.40
72	29.77	29.97	30.17	30.38	30.58	30.78	30.98	31.19	31.39
73	30.60	30.80	31.01	31.22	31.43	31.64	31.84	32.05	32.26
74	31.42	31.63	31.84	32.06	32.27	32.49	32.70	32.91	33.13
75	32.29	32.51	32.73	32.95	33.17	33.39	33.61	33.83	34.05
76	33.16	33.39	33.61	33.84	34.06	34.29	34.51	34.74	34.96
77	34.03	34.27	34.50	34.73	34.96	35.19	35.42	35.65	35.89
78	34.92	35.15	35.39	35.63	35.87	36.10	36.34	36.58	36.82
79	35.83	36.07	36.31	36.56	36.80	37.04	37.29	37.53	37.78
80	36.75	37. „	37.25	37.50	37.75	38. „	38.25	38.50	38.75
81	37.66	37.92	38.18	38.43	38.69	38.95	39.20	39.46	39.71
82	38.60	38.84	39.12	39.39	39.65	39.91	40.18	40.44	40.70
83	39.50	39.77	40.04	40.31	40.58	40.85	41.11	41.38	41.65
84	40.51	40.79	41.06	41.34	41.61	41.89	42.16	42.44	42.71.

Prix de l'hectolitre.

Poids de l'hectolitre.	Valeur de l'hectolitre du poids de 80 Kᵒˢ pris pour base								
	39. „	39.25	39.50	39.75	40. „				
	Valeur de l'hectolitre pesant depuis 65 jusqu'à 84 Kᵒˢ.								
65	25.74	25.90	26.07	26.23	26.40				
66	26.53	26.70	26.87	27.04	27.22				
67	27.33	27.51	27.68	27.86	28.05				
68	28.17	28.35	28.53	28.71	28.90				
69	28.99	29.17	29.36	29.54	29.75				
70	29.83	30.02	30.21	30.40	30.62				
71	30.59	30.79	30.98	31.18	31.38				
72	31.59	31.79	32. „	32.20	32.40				
73	32.47	32.68	32.89	33.09	33.30				
74	33.34	33.55	33.79	33.98	34.20				
75	34.27	34.49	34.71	34.93	35.15				
76	35.19	35.42	35.64	35.87	36.10				
77	36.12	36.35	36.58	36.81	37.05				
78	37.06	37.29	37.53	37.77	38.02				
79	38.02	38.26	38.51	38.75	39. „				
80	39. „	39.25	39.50	39.75	40. „				
81	39.97	40.23	40.48	40.74	41. „				
82	40.96	41.23	41.49	41.75	42.02				
83	41.92	42.19	42.49	42.73	43. „				
84	42.99	43.27	43.54	43.82	44.10				

Tableau N.º 2.

Valeur réelle

des Blés défectueux
de l'hectolitre à 80 Kilog.

Des Blés défectueux en général

Le rendement en farine des Blés défectueux, en général, — à l'exception toutefois des blés rongés par les insectes, n'est pas proportionné au poids de ces blés. Il est nécessaire pour en connaître la valeur de tenir compte de cette particularité.

Nous avons dressé les Tableaux suivants exprès pour cette catégorie de blés.

Exemple : Si un hectolitre de Blé graineux, gris, gras, etc, pèse 80 Kil. et que sa farine ne soit que d'une qualité égale à celle d'un Blé pesant 70 Kilogs, On aura 80 Kil. de blé dont la valeur réelle ne sera que celle de l'hectolitre de blé pesant 70 Kil.

Explications.

La première Colonne verticale qui commence par 65 et finit par 84 indique les poids depuis le plus faible jusqu'au plus fort qu'un hectolitre de Blé puisse atteindre.

Les lignes horizontales contiennent les prix d'un hectolitre de Blé du poids correspondant dans la 1re Colonne verticale.

La première Colonne horizontale séparée contient les prix de l'hectolitre de blé, à partir du plus bas qu'il puisse avoir, c'est-à-dire 12 francs, et en augmentant toujours de 0f 25 jusqu'au plus haut, c'est-à-dire 40 francs.

Ces prix sont basés sur le prix d'un hectolitre de blé pesant 80 Kil. et sont eux-mêmes la base des prix contenus dans les colonnes verticales correspondantes.

Problèmes — Un hectolitre de blé pesant 80 Kil. vaut 26 f. „c combien vaudra un hectolitre de blé défectueux dont la farine ne sera que d'une qualité égale à celle d'un blé pesant 70 Kil.

Cherchons dans la 1re Colonne verticale le nombre 70 et suivons avec le doigt la ligne horizontale qui y correspond en regardant, à chaque nombre nouveau que nous rencontrons, le nombre de la Colonne horizontale séparée qui correspond à la Colonne verticale que nous considérons jusqu'à ce que nous ayons trouvé le nombre 26. Lorsque nous l'avons trouvé, nous avons le doigt sur le nombre 22. 75.

22 f 75 est le prix demandé.

Supposons le cours du blé du poids de 80 Kilog. à 26 f „c l'hectolitre. Combien vaudront 80 Kil. de blé défectueux du poids de 75 Kil. l'hectolitre dont la farine ne sera que d'une qualité égale à celle d'un blé pesant 65 Ko l'hectolitre. On aura 80 Kil. de blé dont la valeur réelle ne sera que de celle du blé de 65 Ko l'hectolitre, en suivant les instructions qui précèdent nous verrons que les 80 Kilog. de ce blé vaudront 21f.12.

Ce problème peut être appliqué aux usages qui existent dans certaines contrées, d'acheter les blés de tous poids à l'hectolitre réglé à 80 Kilog. au double décalitre réglé à 16 Kilog. à l'hectolitre ½ réglé à 120 Kilog.

Sous peu nous pourrons offrir des tableaux pour toutes les qualités et tous les poids et mesures en usage dans chaque localité.

Pour éviter toute confusion et toute interprétation fausse répétons encore en nous servant d'autres Chiffres.

Supposons le cours du Blé ordinaire à 20 francs l'hectolitre du poids de 80 Kilog.

Combien vaudra le blé du poids de 75 Kilog. l'hectolitre et réglé à 80 Kilog.

On aura 80 Kilog. dont la valeur sera proportionnelle au blé du poids de 75 Kilog. l'hectolitre.

Suivons les instructions du Blé

défectueux en nous verrons que ce blé
réglé à 80 Kilog., l'hectolitre vendra
18 f 75 c

Prix réels des Blés défectueux.

Poids de l'hectolitre	Valeur de l'hectolitre du poids de 80 K. pris pour base.								
	12. „	12,25	12.50	12.75	13. „	13.25	13.50	13.75	14. „
	Valeur des 80 K^s du poids de l'hectolitre depuis 65 jusqu'à 84 K^s								
65	9.75	9.95	10.15	10.35	10.56	10.76	10.96	11.16	11.37
66	9.90	10.10	10.30	10.50	10.72	10.92	11.12	11.33	11.55
67	10.05	10.25	10.46	10.66	10.98	11.07	11.29	11.50	11.72
68	10.20	10.40	10.61	10.82	11.04	11.25	11.46	11.67	11.90
69	10.35	10.56	10.77	10.98	11.21	11.42	11.63	11.84	12.07
70	10.50	10.71	10.93	11.14	11.37	11.58	11.80	12.01	12.25
71	10.65	10.86	11.08	11.30	11.53	11.75	11.97	12.19	12.42
72	10.80	11.02	11.24	11.46	11.70	11.91	12.14	12.36	12.60
73	10.95	11.17	11.39	11.62	11.86	12.08	12.30	12.53	12.77
74	11.10	11.32	11.55	11.78	12.02	12.25	12.47	12.70	12.95
75	11.25	11.48	11.71	11.94	12.18	12.41	12.64	12.87	13.12
76	11.40	11.63	11.86	12.10	12.34	12.58	12.81	13.04	13.30
77	11.55	11.78	12.02	12.26	12.51	12.74	12.99	13.22	13.47
78	11.70	11.94	12.18	12.42	12.67	12.91	13.15	13.39	13.65
79	11.85	12.09	12.33	12.58	12.83	13.07	13.32	13.56	13.82
80	12. „	12.25	12.50	12.75	13. „	13.25	13.50	13.75	14. „
81	12.15	12.39	12.64	12.90	13.16	13.40	13.65	13.90	14.17
82	12.30	12.55	12.80	13.06	13.32	13.57	13.82	14.08	14.35
83	12.45	12.70	12.96	13.22	13.48	13.74	13.99	14.25	14.52
84	12.60	12.85	13.11	13.38	13.64	13.90	14.16	14.42	14.70

Prix réels des Blés défectueux

Poids de l'hectolitre	Valeur de l'hectolitre du poids de 80 Kᵒˢ pris pour base								
	14.25	14.50	14.75	15. „	15.25	15.50	15.75	16. ,	16.25
	Valeur des 80 Kᵒˢ au poids de l'hectolitre depuis 65 Kᵒˢ jusqu'à 84 Kᵒˢ								
65	11.57	11.77	11.98	12.18	12.38	12.59	12.79	13. ,	13.20
66	11.75	11.95	12.16	12.37	12.57	12.78	12.98	13.20	13.40
67	11.93	12.14	12.35	12.56	12.77	12.97	13.18	13.40	13.60
68	12.11	12.32	12.53	12.71	12.96	13.17	13.38	13.60	13.81
69	12.28	12.50	12.71	12.93	13.15	13.36	13.57	13.80	14.01
70	12.46	12.68	12.89	13.12	13.34	13.56	13.77	14. „	14.21
71	12.64	12.86	13.08	13.31	13.53	13.75	13.97	14.20	14.42
72	12.82	13.04	13.26	13.50	13.72	13.94	14.16	14.40	14.62
73	13. „	13.22	13.44	13.68	13.91	14.14	14.36	14.60	14.82
74	13.17	13.40	13.63	13.87	14.10	14.33	14.56	14.80	15.02
75	13.35	13.59	13.81	14.06	14.29	14.52	14.76	15. ,	15.23
76	13.53	13.77	14. „	14.25	14.48	14.72	14.95	15.20	15.43
77	13.71	13.95	14.18	14.43	14.67	14.91	15.15	15.40	15.63
78	13.89	14.13	14.37	14.62	14.86	15.10	15.35	15.60	15.84
79	14.06	14.31	14.55	14.81	15.05	15.30	15.54	15.80	16.04
80	14.25	14.50	14.75	15. ,	15.25	15.50	15.75	16. ,	16.25
81	14.42	14.67	14.93	15.18	15.43	15.69	15.94	16.20	16.45
82	14.60	14.85	15.11	15.37	15.62	15.88	16.13	16.40	16.65
83	14.78	15.02	15.36	15.56	15.81	16.08	16.33	16.60	16.85
84	14.96	15.22	15.48	15.75	16.01.	16.27	16.53	16.80	17.06

Prix réels des Blés défectueux.

Poids de l'hectolitre	Valeur de l'hectolitre du poids de 80 K.os pris pour base.								
	16.50	16.75	17. „	17.25	17.50	17.75	18. „	18.25	18.50
	Valeur des 80 Kil.os des poids de l'hectolitre depuis 65 k. jusqu'à 84 K.os								
65	13.40	13.60	13.81	14.01	14.21	14.41	14.62	14.82	15.02
66	13.60	13.81	14.02	14.22	14.43	14.63	14.85	15.05	15.25
67	13.81	14.02	14.23	14.44	14.65	14.86	15.07	15.28	15.49
68	14.02	14.23	14.45	14.66	14.87	15.08	15.30	15.51	15.72
69	14.22	14.44	14.66	14.87	15.09	15.30	15.52	15.73	15.95
70	14.43	14.65	14.86	15.09	15.30	15.52	15.75	15.96	16.18
71	14.64	14.86	15.07	15.30	15.52	15.74	15.97	16.19	16.41
72	14.84	15.06	15.29	15.52	15.74	15.96	16.20	16.42	16.64
73	15.05	15.27	15.50	15.73	15.96	16.19	16.42	16.65	16.87
74	15 25	15.48	15.71	15.95	16.18	16.41	16.65	16.87	17.10
75	15.46	15.69	15.92	16.17	16.40	16.63	16.87	17.10	17.34
76	15.67	15.90	16.14	16.38	16.62	16.85	17.10	17.33	17.57
77	15.87	16.11	16.35	16.60	16.83	17.07	17.32	17.56	17.80
78	16.08	16.32	16.56	16.81	17.05	17.30	17.55	17.79	18.03
79	16.28	16.53	16.77	17.03	17.27	17.52	17.77	18.01	18.26
80	16.50	16.75	17. „	17.25	17.50	17.75	18. „	18.25	18.50
81	16.70	16.95	17.21	17.46	17.70	17.94	18.22	18.47	18.72
82	16.90	17.16	17.41	17.67	17.92	18.16	18.45	18.70	18.95
83	17.11	17.37	17.62	17.89	18.14	18.38	18.67	18.93	19.18
84	17.32	17.52	17.84	18.11	18.36	18.61	18.90	19.16	19.42

Prix réels des Blés défectueux

Poids de l'hectolitre	Valeur de l'hectolitre du poids de 80 K. pris pour base.								
	18.75	19. „	19.25	19.50	19.75	20. „	20.25	20.50	20.75
	Valeur des 80 Kil. du poids de l'hectolitre depuis 65 jusqu'à 84 K.								
65	15.22	15.43	15.63	15.84	16.04	16.25	16.45	16.65	16.85
66	15.46	15.67	15.87	16.08	16.28	16.50	16.70	16.90	17.10
67	15.69	15.91	16.12	16.32	16.53	16.75	16.95	17.16	17.36
68	15.93	16.15	16.36	16.57	16.78	17. „	17.21	17.42	17.62
69	16.16	16.38	16.60	16.81	17.02	17.25	17.46	17.67	17.88
70	16.40	16.62	16.84	17.05	17.27	17.50	17.71	17.93	18.14
71	16.63	16.86	17.08	17.30	17.52	17.75	17.97	18.19	18.40
72	16.86	17.10	17.32	17.54	17.76	18. „	18.22	18.44	18.66
73	17.10	17.33	17.56	17.79	18.01	18.25	18.47	18.70	18.92
74	17.33	17.57	17.80	18.03	18.26	18.50	18.72	18.95	19.18
75	17.57	17.81	18.04	18.27	18.51	18.75	18.98	19.21	19.44
76	17.80	18.05	18.28	18.52	18.75	19. „	19.23	19.47	19.70
77	18.04	18.28	18.52	18.76	19. „	19.25	19.48	19.72	19.96
78	18.27	18.52	18.76	19. „	19.25	19.50	19.74	19.97	20.22
79	18.50	18.76	19. „	19.25	19.49	19.75	19.99	20.23	20.48
80	18.75	19. „	19.25	19.50	19.75	20. „	20.25	20.50	20.75
81	18.97	19.23	19.48	19.73	19.99	20.25	20.50	20.74	20.99
82	19.21	19.47	19.72	19.98	20.23	20.50	20.75	21. „	21.25
83	19.44	19.71	19.96	20.22	20.48	20.75	21. „	21.25	21.51
84	19.68	19.95	20.21	20.47	20.73	21. „	21.26	21.51	21.78

Prix réels des Blés défectueux.

Poids de l'hectolitre	Valeur de l'hectolitre du poids de 80 K.° pris pour base								
	21. „	21.25	21.50	21.75	22. „	22.25	22.50	22.75	23. „
	Valeur des 80 K.° du poids de l'hectolitre depuis 65 jusqu'à 84 K.°								
65	17.06	17.26	17.46	17.66	17.87	18.07	18.27	18.47	18.68
66	17.32	17.52	17.73	17.93	18.15	18.35	18.55	18.76	18.97
67	17.58	17.79	18. „	18.21	18.42	18.63	18.84	19.04	19.26
68	17.85	18.06	18.27	18.48	18.70	18.91	19.12	19.33	19.55
69	18.11	18.32	18.54	18.75	18.97	19.18	19.40	19.61	19.83
70	18.37	18.59	18.80	19.02	19.25	19.46	19.68	19.90	20.12
71	18.63	18.85	19.07	19.29	19.52	19.74	19.96	20.18	20.41
72	18.90	19.12	19.34	19.56	19.80	20.02	20.24	20.46	20.70
73	19.16	19.38	19.61	19.83	20.07	20.30	20.52	20.75	20.98
74	19.42	19.65	19.88	20.10	20.35	20.57	20.80	21.03	21.27
75	19.68	19.92	20.15	20.37	20.62	20.85	21.09	21.32	21.56
76	19.95	20.18	20.42	20.64	20.90	21.13	21.37	21.60	21.85
77	20.21	20.45	20.68	20.91	21.17	21.41	21.55	21.89	22.13
78	20.47	20.71	20.95	21.19	21.45	21.69	21.93	22.17	22.42
79	20.73	20.98	21.22	21.46	21.72	21.96	22.21	22.45	22.71
80	21. „	21.25	21.50	21.75	22. „	22.25	22.50	22.75	23. „
81	21.26	21.51	21.76	22. „	22.27	22.52	22.77	23.02	23.23
82	21.52	21.77	22.03	22.27	22.55	22.80	23.05	23.31	23.56
83	21.78	22.04	22.30	22.54	22.82	23.08	23.33	23.59	23.85
84	22.05	22.31	22.57	22.81	23.10	23.36	23.62	24.88	24.14

Prix réels des Blés défectueux

Poids de l'hectolitre	Valeur de l'hectolitre du poids de 80 K° pris pour base								
	23.25	23.50	23.75	24. „	24.25	24.50	24.75	25. „	25.25
	Valeur de 80 K° du poids de l'hectolitre depuis 65 K° jusqu'à 84 K°								
65	18.88	19.09	19.29	19.50	19.70	19.89	20.10	20.31	20.51
66	19.17	19.38	19.59	19.80	20. „	20.19	20.41	20.62	20.82
67	19.47	19.67	19.89	20.10	20.30	20.50	20.72	20.93	21.14
68	19.76	19.97	20.18	20.40	20.61	20.80	21.03	21.25	21.46
69	20.05	20.26	20.48	20.70	20.91	21.11	21.34	21.56	21.77
70	20.34	20.55	20.78	21. „	21.21	21.42	21.65	21.87	22.09
71	20.63	20.85	21.08	21.30	21.52	21.72	21.96	22.18	22.40
72	20.92	21.14	21.38	21.60	21.82	22.03	22.26	22.50	22.72
73	21.21	21.44	21.68	21.90	22.12	22.33	22.57	22.81	23.03
74	21.50	21.73	21.98	22.20	22.42	22.64	22.88	23.12	23.35
75	21.79	22.02	22.27	22.50	22.73	22.95	23.19	23.43	23.67
76	22.08	22.32	22.57	22.80	23.03	23.25	23.50	23.74	23.98
77	22.37	22.61	22.87	23.10	23.33	23.56	23.81	24.06	24.30
78	22.66	22.90	23.16	23.40	23.64	23.86	24.12	24.37	24.61
79	22.95	23.20	23.46	23.70	23.94	24.17	24.43	24.68	24.93
80	23.25	23.50	23.75	24. „	24.25	24.50	24.75	25. „	25.25
81	23.53	23.79	24.15	24.30	24.55	24.80	25.05	25.31	25.56
82	23.82	24.08	24.59	24.60	24.85	25.10	25.36	25.62	25.87
83	24.11	24.37	25.01	24.90	25.15	25.40	25.67	25.93	26.19
84	24.41	24.67	25.43	25.20	25.46	25.72	25.98	26.25	26.51

Prix réels des Blés défectueux

Poids de l'hectolitre	Valeur de l'hectolitre du poids de 80 K⁰ pris pour base								
	25.50	25.75	26. „	26.25	26.50	26.75	27. „	27.25	27.50
	Valeur des 80 K⁰ˢ du poids de l'hectolitre depuis 65 K⁰ˢ jusqu'à 84 K⁰ˢ								
65	20.71	20.91	21.12	21.32	21.52	21.72	21.93	22.13	22.34
66	21.03	21.23	21.45	21.65	21.85	22.05	22.27	22.47	22.68
67	21.35	21.56	21.77	21.98	22.19	22.38	22.61	22.82	23.03
68	21.67	21.88	22.10	22.31	22.52	22.72	22.95	23.16	23.37
69	21.99	22.20	22.42	22.63	22.85	23.05	23.28	23.50	23.71
70	22.30	22.52	22.75	22.96	23.18	23.39	23.62	23.84	24.06
71	22.62	22.84	23.07	23.29	23.51	23.72	23.96	24.18	24.40
72	22.94	23.16	23.40	23.62	23.84	24.06	24.29	24.52	24.75
73	23.26	23.49	23.72	23.95	24.17	24.39	24.62	24.86	25.09
74	23.58	23.81	24.05	24.28	24.50	24.72	24.96	25.20	25.43
75	23.90	24.13	24.37	24.60	24.84	25.06	25.30	25.54	25.78
76	24.22	24.45	24.70	24.93	25.17	25.39	25.64	25.88	26.12
77	24.53	24.77	25.02	25.26	25.50	25.73	25.97	26.22	26.46
78	24.85	25.10	25.35	25.59	25.83	26.06	26.31	26.56	26.85
79	25.17	25.42	25.67	25.92	26.16	26.40	26.65	26.90	27.14
80	25.50	25.75	26. „	26.25	26.50	26.75	27. „	27.25	27.50
81	25.81	26.06	26.32	26.57	26.82	27.06	27.33	27.58	27.84
82	26.13	26.38	26.65	26.90	27.15	27.40	27.66	27.92	28.18
83	26.45	26.70	26.97	27.23	27.48	27.73	28. „	28.26	28.53
84	26.76	27.03	27.30	27.56	27.81	28.07	28.33	28.61	28.87

Prix réels des Blés défectueux

Poids de l'hectolitre	Valeur de l'hectolitre du poids de 80 K° pris pour base								
	27.75	28. „	28.25	28.50	28.75	29. „	29.25	29.50	29.75
	Valeur de 80 Kil. du poids de l'hectolitre depuis 65 jusqu'à 84 K°								
65	22.54	22.75	22.95	23.15	23.35	23.56	23.76	23.96	24.17
66	22.88	23.10	23.30	23.50	23.71	23.92	24.12	24.33	24.54
67	23.23	23.45	23.65	23.86	24.08	24.28	24.48	24.70	24.91
68	23.58	23.80	24.01	24.22	24.44	24.65	24.85	25.07	25.28
69	23.92	24.15	24.36	24.57	24.78	25.01	25.21	25.44	25.65
70	24.27	24.50	24.71	24.93	25.14	25.37	25.58	25.81	26.03
71	24.62	24.85	25.06	25.29	25.50	25.73	25.94	26.18	26.40
72	24.96	25.20	25.42	25.64	25.86	26.10	26.31	26.55	26.77
73	25.31	25.55	25.77	26. „	26.22	26.46	26.67	26.91	27.14
74	25.66	25.90	26.12	26.35	26.58	26.82	27.04	27.28	27.52
75	26.01	26.25	26.48	26.71	26.94	27.18	27.41	27.65	27.89
76	26.35	26.60	26.83	27.07	27.30	27.55	27.77	28.02	28.25
77	26.70	26.95	27.18	24.42	27.66	27.94	28.14	28.39	28.62
78	27.04	27.30	27.54	27.78	28.02	28.27	28.50	28.76	28.99
79	27.39	27.65	27.89	28.13	28.38	28.63	28.88	29.13	29.37
80	27.75	28. „	28.25	28.50	28.75	29. „	29.25	29.50	29.75
81	28.08	28.35	28.60	28.84	29.10	29.36	29.61	29.87	30.11
82	28.43	28.70	28.95	29.20	29.46	29.72	29.97	30.23	30.48
83	28.78	29.05	29.30	29.55	29.81	30.08	30.35	30.60	30.85
84	29.12	29.40	29.65	29.91	30.17	30.45	30.72	30.97	31.23

Prix réels des Blés défectueux

Poids de l'hectolitre	Valeur de l'hectolitre du poids de 80 Kᵒˢ pris pour base.								
	30. „	30.25	30.50	30.75	31. „	31.25	31.50	31.75	32. „
	Valeur des 80 Kᵒˢ du poids de l'hectolitre depuis 65 jusqu'à 84 Kᵒˢ								
65	24.37	24.57	24.77	24.97	25.18	25.38	25.59	25.79	26. „
66	24.75	24.95	25.15	25.36	25.57	25.78	25.98	26.18	26.40
67	25.12	25.33	25.54	25.74	25.96	26.17	26.37	26.58	26.80
68	25.50	25.71	25.92	26.13	26.35	26.56	26.77	26.98	27.20
69	25.87	26.08	26.30	26.51	26.73	26.95	27.16	27.37	27.60
70	26.25	26.46	26.68	26.90	27.12	27.34	27.55	27.77	28. „
71	26.62	26.84	27.06	27.28	27.51	27.73	27.95	28.17	28.40
72	27. „	27.22	27.44	27.66	27.90	28.12	28.34	28.56	28.80
73	27.37	27.60	27.82	28.05	28.28	28.51	28.74	28.96	29.20
74	27.75	27.97	28.20	28.43	28.67	28.91	29.13	29.36	29.60
75	28.12	28.35	28.59	28.82	29.06	29.30	29.52	29.76	30. „
76	28.50	28.73	28.97	29.20	29.45	29.69	29.92	30.15	30.40
77	28.87	29.11	29.35	29.60	29.83	30.08	30.31	30.55	30.80
78	29.25	29.49	29.73	29.98	30.22	30.47	30.70	30.95	31.20
79	29.62	29.86	30.11	30.36	30.61	30.86	31.10	31.34	31.60
80	30. „	30.25	30.50	30.75	31. „	31.25	31.50	31.75	32. „
81	30.37	30.63	30.87	31.13	31.38	31.64	31.89	32.14	32.40
82	30.75	31.01	31.25	31.52	31.77	32.03	32.28	32.54	32.80
83	31.12	31.39	31.64	31.90	32.16	32.42	32.67	32.94	33.20
84	31.50	31.77	32. „	32.29	32.55	32.81	33.07	33.34	33.60

Prix réels des Blés défectueux.

Poids de l'hectolitre	Valeur de l'hectolitre du poids de 80 K^s pris pour base.								
	32.25	32.50	32.75	33. „	33.25	33.50	33.75	34. „	34.25
	Valeur des 80 K^s du poids de l'hectolitre depuis 65 jusqu'à 84 K^s								
65	26.20	26.40	26.60	26.81	27.01	27.22	27.42	27.62	27.82
66	26.60	26.80	27.01	27.22	27.42	27.63	27.84	28.05	28.25
67	27. „	27.21	27.42	27.63	27.84	28.05	28.26	28.47	28.68
68	27.51	27.62	27.83	28.05	28.26	28.47	28.68	28.90	29.11
69	27.81	28.02	28.24	28.46	28.67	28.89	29.10	29.32	29.53
70	28.21	28.43	28.65	28.87	29.09	29.31	29.52	29.75	29.96
71	28.62	28.84	29.06	29.28	29.50	29.73	29.95	30.17	30.39
72	29.02	29.24	29.46	29.70	29.92	30.15	30.37	30.60	30.82
73	29.42	29.65	29.87	30.11	30.33	30.57	30.79	31.02	31.25
74	29.82	30.05	30.28	30.52	30.75	30.98	31.21	31.45	31.67
75	30.23	30.46	30.69	30.93	31.17	31.40	31.63	31.87	32.10
76	30.63	30.87	31.10	31.35	31.58	31.82	32.06	32.30	32.53
77	31.06	31.27	31.51	31.76	32. „	32.24	32.48	32.72	32.96
78	31.44	31.68	31.92	32.17	32.41	32.66	32.90	33.15	33.39
79	31.84	32.08	32.33	32.58	32.82	33.08	33.32	33.57	33.81
80	32.25	32.50	32.75	33. „	33.25	33.50	33.75	34. „	34.25
81	32.65	32.90	33.15	33.41	33.66	33.92	34.17	34.42	34.67
82	33.05	33.30	33.57	33.82	34.08	34.33	34.59	34.85	35.10
83	33.45	33.71	33.98	34.23	34.49	34.75	35.01	35.27	35.53
84	33.86	34.12	34.39	34.65	34.91	35.17	35.43	35.70	35.96

Prix réels des Blés défectueux.

Poids de l'hectolitre	Valeur de l'hectolitre du poids de 80 Kos pris pour base								
	34.50	34.75	35. „	35.25	35.50	35.75	36. „	36.25	36.50
	Valeur des 80 Kos du poids de l'hectolitre depuis 65 jusqu'à 84 Kos.								
65	28.02	28.23	28.43	28.63	28.84	29.04	29.25	29.45	29.65
66	28.45	28.66	28.87	29.07	29.28	29.49	29.70	29.90	30.11
67	28.89	29.10	29.31	29.52	29.73	29.94	30.15	30.35	30.56
68	29.32	29.53	29.75	29.96	30.17	30.38	30.60	30.81	31.02
69	29.75	29.97	30.18	3c.40	30.61	30.83	31.05	31.26	31.48
70	30.18	30.40	30.62	30.84	31.06	31.28	31.50	31.71	31.93
71	30.61	30.84	31.06	31.28	31.50	31.72	31.95	32.17	32.39
72	31.04	31.27	31.50	31.72	31.95	32.17	32.40	32.62	32.84
73	31.47	31.70	31.93	32.16	32.39	32.62	32.85	33.07	33.30
74	31.90	32.14	32.37	32.60	32.83	33.06	33.30	33.52	33.76
75	32.34	32.57	32.81	33.04	33.28	33.51	33.75	33.98	34.21
76	32.77	33.01	33.25	33.48	33.72	33.96	34.20	34.43	34.67
77	33.20	33.44	33.68	33.92	34.16	34.40	34.65	34.88	35.13
78	33.63	33.88	34.12	34.36	34.61	34.85	35.10	35.34	35.58
79	34.06	34.31	34.56	34.80	35.05	35.30	35.55	35.76	36.04
80	34.50	34.75	35. „	35.25	35.50	35.75	36. „	36.25	36.50
81	34.92	35.18	35.43	35.68	35.94	36.19	36.45	36.70	36.95
82	35.35	35.61	35.87	36.12	36.28	36.64	36.90	37.15	37.41
83	35.78	36.05	36.31	36.56	36.83	37.09	37.35	37.60	37.86
84	36.22	36.48	36.75	37.01	37.27	37.53	37.80	38.05	38.32

Prix réels des Blés défectueux

Poids de l'hectolitre	Valeur de l'hectolitre du poids de 80 K⁹ pris pour base								
	36.75	37. „	37.25	37.50	37.75	38. „	38.25	38.50	38.75
	Valeur des 80 K⁹ du poids de l'hectolitre depuis 65 jusqu'à 84 K⁹								
65	29.85	30.06	30.27	30.46	30.67	30.87	31.07	31.27	31.48
66	30.31	30.52	30.73	30.93	31.14	31.35	31.55	31.75	31.96
67	30.77	30.98	31.20	31.40	31.61	31.82	32.03	32.24	32.45
68	31.23	31.45	31.67	31.87	32.08	32.30	32.51	32.72	32.93
69	31.69	31.91	32.13	32.34	32.55	32.77	32.98	33.20	33.42
70	32.15	32.37	32.60	32.81	33.03	33.25	33.46	33.68	33.90
71	32.61	32.83	33.06	33.28	33.50	33.72	33.94	34.16	34.39
72	33.07	33.30	33.53	33.75	33.97	34.20	34.42	34.64	34.87
73	33.53	33.76	33.99	34.21	34.44	34.67	34.90	35.12	35.35
74	33.99	34.22	34.46	34.68	34.91	35.15	35.37	35.60	35.84
75	34.45	34.68	34.93	35.15	35.39	35.62	35.85	36.09	36.32
76	34.91	35.15	35.39	35.62	35.86	36.10	36.33	36.57	36.81
77	35.37	35.61	35.86	36.09	36.33	36.57	36.81	37.05	37.29
78	35.83	36.07	36.32	36.56	36.80	37.05	37.29	37.53	37.78
79	36.29	36.53	36.79	37.03	37.27	37.52	37.76	38.01	38.26
80	36.75	37. „	37.25	37.50	37.75	38. „	38.25	38.50	38.75
81	37.20	37.46	37.72	37.96	38.22	38.47	38.73	38.97	39.23
82	37.66	37.92	38.18	38.43	38.69	38.95	39.21	39.45	39.71
83	32.12	38.98	38.65	38.90	39.16	39.42	39.69	39.93	40.20
84	38.18	38.85	39.12	39.37	39.63	39.90	40.16	40.42	40.68

Prix réels des Blés défectueux

Poids de l'hectolitre	Valeur de l'hectolitre du poids de 80 K.° pris pour base								
	39. „	39.25	39.50	39.75	40. „				
	Valeur des 80 K.° du poids de l'hectolitre depuis 65 K.° jusqu'à 84 K.°								
65	31.63	31.89	32.09	32.29	32.50				
66	32.17	32.38	32.58	32.79	33. „				
67	32.66	32.87	33.08	33.29	33.50				
68	33.15	33.36	33.57	33.78	34. „				
69	33.63	33.85	34.06	34.28	34.50				
70	34.12	34.34	34.56	34.78	35. „				
71	34.61	34.83	35.05	35.27	35.50				
72	35.10	35.32	35.55	35.77	36. „				
73	35.58	35.81	36.04	36.27	36.50				
74	36.07	36.30	36.53	36.76	37. „				
75	36.56	36.76	37.03	37.26	37.50				
76	37.05	37.28	37.52	37.76	38. „				
77	37.53	37.77	38.01	38.25	38.50				
78	38.02	38.26	38.51	38.75	39. „				
79	38.51	38.75	39.06	39.25	39.50				
80	39. „	39.25	39.50	39.75	40. „				
81	39.48	39.73	39.99	40.25	40.50				
82	39.97	40.23	40.48	40.75	41. „				
83	40.46	40.72	40.98	41.24	41.50				
84	40.95	41.21	41.47	41.73	42. „				

Tableau N° 3.

Prix des 100 Kilogs,
basés
sur le prix de l'hectolitre à 80 Kilogs
et sur le poids de l'hectolitre.

Explications.

La Colonne verticale qui commence par 65 et finit par 84 indique les poids depuis le plus faible jusqu'au plus fort qu'un hectolitre de blé puisse atteindre.

La 2ᵉ Colonne verticale qui commence par 153.84 et finit par 119.04 exprime la quantité de litres de blé nécessaire pour faire 100 Kilogs. Chaque nombre de cette Colonne est basé sur son correspondant dans la 1ʳᵉ Colonne verticale.

La 1ʳᵉ Colonne horizontale séparée

contient les prix de l'hectolitre de blé à partir du plus bas qu'il puisse avoir, c'est-à-dire 12 francs, jusqu'au plus haut, c'est-à-dire 40 francs.

Chaque Colonne verticale contient les prix des 100 Kil. et tous les nombres de ces Colonnes sont basés sur le prix de l'hectolitre du poids de 80 Kil. qui correspond dans la 1re Colonne horizontale séparée à la Colonne où ils se trouvent ; l'hectolitre ayant le poids qui correspond dans la première Colonne verticale à la ligne sur laquelle est placé le nombre que l'on considère.

Manière de se servir de ce Tableau.

Problème : Le prix de l'hectolitre pesant 80 Kil. vaut 13 f., c. Combien vaudront 100 Kil. qui pèseront 70 Kil. ?

Cherchons dans la 1re Colonne verticale le nombre 70, suivons avec le doigt la ligne horizontale correspondante en regardons à chaque nombre nouveau que nous rencontrons le nombre de la Colonne horizontale séparée qui correspond à la Colonne verticale que nous considérons jusqu'à ce que nous ayons trouvé le nombre 13, lorsque nous l'avons trouvé, nous avons le doigt sur le nombre 14.20.

14.20 est le prix demandé.

Ainsi en Résumé, on cherche dans la 1re Colonne verticale le poids de l'hectolitre dont on veut trouver le prix des 100 K?, et on suit la Colonne horizontale qui y correspond. On cherche dans la 1re Colonne horizontale séparée le prix de l'hectolitre pesant 80 Kil. et on suit la colonne verticale qui y correspond. Le nombre qui se trouve au point de jonction des 2 Lignes est le prix demandé.

Prix des 100 Kilog.

Poids de l'hectolitre	Quantité de litres pour faire 100 Kil.	Valeur de l'hectol. du poids de 80 Kil. pris pour base						
		12. „	12.25	12.50	12.75	13. „	13.25	13.50
		Valeur des 100 Kil. depuis 153 lit 84 jusqu'à 119 lit 04.						
65	153.84	12.18	12.43	12.68	12.94	13.19	13.44	13.70
66	151.51	12.36	12.61	12.87	13.13	13.39	13.64	13.90
67	149.25	12.55	12.81	13.07	13.33	13.59	13.85	14.12
68	147.05	12.75	13.01	13.28	13.54	13.81	14.07	14.34
69	144.92	12.92	13.18	13.45	13.72	13.99	14.26	14.53
70	142.85	13.11	13.38	13.65	13.93	14.20	14.47	14.75
71	140.84	13.30	13.57	13.85	14.12	14.40	14.67	14.95
72	138.88	13.50	13.78	14.06	14.34	14.62	14.90	15.18
73	137.12	13.68	13.96	14.25	14.53	14.82	15.10	15.39
74	135.13	13.86	14.14	14.43	14.72	15.01	15.30	15.59
75	133.33	14.05	14.34	14.63	14.92	15.22	15.51	15.80
76	131.57	14.25	14.54	14.84	15.14	15.43	15.73	16.03
77	129.87	14.42	14.72	15.02	15.32	15.62	15.92	16.22
78	128.20	14.61	14.91	15.21	15.52	15.82	16.13	16.43
79	126.58	14.81	15.11	15.42	15.73	16.04	16.35	16.66
80	125. „	15. „	15.31	15.62	15.93	16.25	16.56	16.87
81	123.45	15.18	15.49	15.81	16.12	16.44	16.76	17.07
82	121.95	15.36	15.68	16. „	16.32	16.64	16.96	17.28
83	120.68	15.54	15.86	16.18	16.51	16.83	17.15	17.48
84	119.04	15.75	16.07	16.40	16.73	17.06	17.38	17.71

Prix des 100 Kilogs.

Poids de l'hectolitre.	Quantité de litres pour faire 100 Kil.	Valeur de l'hectolitre du poids de 80 K°° pris pour base.						
		13.75	14. „	14.25	14.50	14.75	15. „	15.25
		Valeur des 100 Kil. depuis 153ˡⁱ 84 jusqu'à 119ˡⁱ 04						
65	153.84	13.95	14.21	14.46	14.71	14.97	15.22	15.47
66	151.51	14.16	14.42	14.68	14.93	15.19	15.45	15.71
67	149.25	14.38	14.64	14.90	15.16	15.42	15.69	15.95
68	147.05	14.60	14.87	15.14	15.40	15.67	15.93	16.20
69	144.92	14.80	15.07	15.34	15.61	15.88	16.15	16.42
70	142.85	15.02	15.29	15.57	15.84	16.11	16.39	16.66
71	140.84	15.22	15.49	15.77	16.04	16.32	16.59	16.87
72	138.88	15.46	15.74	16.03	16.31	16.59	16.87	17.15
73	137.12	15.67	15.96	16.24	16.53	16.81	17.10	17.38
74	135.13	15.88	16.17	16.45	16.74	17.03	17.32	17.61
75	133.33	16.10	16.39	16.68	16.97	17.27	17.56	17.85
76	131.57	16.32	16.62	16.92	17.21	17.51	17.81	18.10
77	129.87	16.52	16.82	17.12	17.42	17.72	18.02	18.33
78	128.20	16.74	17.24	17.35	17.65	17.96	18.26	18.57
79	126.58	16.96	17.27	17.58	17.89	18.20	18.51	18.81
80	125. „	17.18	17.50	17.81	18.12	18.43	18.95	19.06
81	123.45	17.39	17.71	18.02	18.34	18.65	18.97	19.29
82	121.95	17.60	17.92	18.24	18.56	18.88	19.20	19.52
83	120.68	17.80	18.12	18.45	18.77	19.10	19.42	19.74
84	119.04	18.04	18.37	18.70	19.02	19.35	19.68	20.01

Prix des 100 Kilogs.

Poids de l'hectolitre	Quantité de litres pour faire 100 kil.	Valeur de l'hectol. ou poids de 80 Kil. pris pour base						
		15.50	15.75	16. „	16.25	16.50	16.75	17. „
		Valeur des 100 Kil. depuis 153 litres 84 jusqu'à 119 lit. 04						
65	153.84	15.73	15.98	16.24	16.49	16.74	17. „	17.25
66	151.51	15.96	16.22	16.48	16.74	16.99	17.25	17.51
67	149.25	16.21	16.47	16.73	16.99	17.26	17.52	17.78
68	147.05	16.46	16.73	16.99	17.26	17.53	17.79	18.06
69	144.92	16.69	16.96	17.23	17.50	17.77	18.04	18.31
70	142.85	16.93	17.21	17.48	17.75	18.03	18.30	18.57
71	140.84	17.15	17.42	17.70	17.97	18.25	18.53	18.80
72	138.88	17.43	17.71	17.99	18.28	18.56	18.84	19.12
73	137.12	17.67	17.95	18.24	18.52	18.81	19.09	19.38
74	135.13	17.90	18.19	18.48	18.76	19.05	19.34	19.63
75	133.33	18.15	18.44	18.73	19.02	19.32	19.61	19.90
76	131.57	18.40	18.70	18.99	19.29	19.59	19.88	20.18
77	129.87	18.63	18.93	19.23	19.53	19.83	20.13	20.43
78	128.20	18.87	19.18	19.48	19.78	20.09	20.39	20.70
79	126.58	19.12	19.43	19.74	20.05	20.36	20.66	20.97
80	125. „	19.37	19.68	20. „	20.31	20.62	20.93	21.25
81	123.45	19.60	19.92	20.24	20.52	20.87	21.18	21.50
82	121.95	19.84	20.16	20.48	20.80	21.12	21.44	21.77
83	120.08	20.07	20.39	20.71	21.04	21.36	21.69	22.01
84	119.04	20.34	20.66	20.99	21.32	21.65	21.98	22.30

Prix des 100 Kilogs.

Poids de l'hectolitre	Quantité de litres pour faire 100 kil.	Valeur de l'hectolitre du poids de 80 Kil. pris pour base.						
		17.25	17.50	17.75	18.„	18.25	18.50	18.75
		Valeur des 100 Kilogs depuis 153ⁱᵉʳ 84 jusqu'à 119ᵘˢ 04						
65	153.84	17.50	17.76	18.01	18.27	18.52	18.77	19.03
66	151.51	17.77	18.02	18.28	18.54	18.80	19.06	19.31
67	149.25	18.04	18.30	18.56	18.83	19.09	19.35	19.61
68	147.05	18.32	18.59	18.85	19.12	19.39	19.65	19.92
69	144.92	18.57	18.84	19.11	19.38	19.65	19.92	20.19
70	142.85	18.85	19.13	19.39	19.67	19.94	20.21	20.49
71	140.84	19.08	19.35	19.63	19.90	20.18	20.46	20.73
72	138.88	19.40	19.68	19.96	20.24	20.53	20.81	21.09
73	137.12	19.66	19.95	20.23	20.52	20.80	21.09	21.37
74	135.13	19.92	20.21	20.50	20.79	21.08	21.36	21.65
75	133.33	20.20	20.49	20.78	21.07	21.37	21.66	21.95
76	131.57	20.48	20.77	21.07	21.37	21.67	21.96	22.26
77	129.87	20.73	21.03	21.33	21.63	21.94	22.24	22.54
78	128.20	21.„	21.31	21.61	21.92	22.22	22.53	22.83
79	126.58	21.28	21.59	21.90	22.21	22.52	22.82	23.13
80	125.„	21.56	21.87	22.18	22.50	22.81	23.12	23.43
81	123.45	21.81	22.13	22.45	22.77	23.08	23.40	23.72
82	121.95	22.09	22.41	22.73	23.05	23.37	23.69	24.01
83	120.68	22.23	22.66	22.98	23.30	23.63	23.95	24.27
84	119.04	22.63	22.96	23.29	23.61	23.94	24.27	24.60

Prix des 100 Kilogs.

Poids de l'hectolitre	Quantité de litres pour faire 100 Kil.?	Valeur de l'hectolitre du poids de 80 Kil. pris pour base.						
		19. „	19.25	19.50	19.75	20. „	20.25	20.50
		Valeur des 100 Kil. depuis 153 lit 84 jusqu'à 119 lit 04.						
65	153.84	19.28	19.53	19.79	20.04	20.30	20.55	20.80
66	151.51	19.57	19.83	20.09	20.35	20.60	20.86	21.12
67	149.25	19.87	20.13	20.40	20.66	20.92	21.18	21.44
68	147.05	20.18	20.45	20.71	20.98	21.24	21.51	21.78
69	144.92	20.46	20.73	21. „	21.27	21.54	21.81	22.08
70	142.85	20.76	21.03	21.31	21.58	21.85	22.13	22.40
71	140.84	21.11	21.28	21.57	21.84	22.12	22.40	22.67
72	138.88	21.37	21.65	21.93	22.21	22.49	22.77	23.06
73	137.12	21.66	21.94	22.23	22.51	22.80	23.08	23.37
74	135.13	21.94	22.33	22.52	22.81	23.10	23.39	23.67
75	133.33	22.25	22.54	22.83	23.12	23.42	23.71	24. „
76	131.57	22.56	22.85	23.15	23.45	23.74	24.04	24.34
77	129.87	22.84	23.04	23.44	23.74	24.04	24.34	24.64
78	128.20	23.14	23.44	23.75	24.05	24.36	24.66	24.96
79	126.58	23.44	23.75	24.06	24.37	24.67	24.98	25.29
80	125. „	23.75	24.06	24.37	24.68	25. „	25.31	25.62
81	123.45	24.03	24.35	24.66	24.98	25.30	25.61	25.93
82	121.95	24.33	24.65	24.97	25.29	25.61	25.93	26.25
83	120.68	24.50	24.92	25.25	25.57	25.89	26.22	26.54
84	119.04	24.93	25.25	25.58	25.91	26.24	26.57	26.89

Prix des 100 Kilogr.

Poids de l'hectolitre	quantité de litres pour faire 100 kil.	Valeur de l'hectolitre du poids de 80 Kil. pris pour base.						
		20.75	21. „	21.25	21.50	21.75	22. „	22.25
		Valeur des 100 Kil. depuis 153 lit. 84 jusqu'à 119 lit. 04						
65	153.84	21.06	21.31	21.56	21.82	22.04	22.33	22.58
66	151.51	21.38	21.64	21.89	22.15	22.41	22.67	22.92
67	149.25	21.70	21.97	22.22	22.49	22.75	23.01	23.27
68	147.05	22.04	22.31	22.57	22.84	23.10	23.37	23.63
69	144.92	22.35	22.62	22.89	23.16	23.43	23.70	23.96
70	142.85	22.67	22.95	23.22	23.49	23.77	24.04	24.31
71	140.84	22.95	23.22	23.50	23.78	24.05	24.33	24.60
72	138.88	23.34	23.62	23.90	24.18	24.46	25.74	25.02
73	137.12	23.65	23.94	24.22	24.51	24.79	25.08	25.36
74	135.13	23.96	24.25	24.54	24.83	25.12	25.41	25.70
75	133.33	24.30	24.59	24.88	25.18	25.47	25.75	26.05
76	131.57	24.63	24.93	25.23	25.52	25.82	26.12	26.41
77	129.87	24.94	25.24	25.54	25.85	26.15	26.45	26.75
78	128.20	25.27	25.57	25.88	26.18	26.49	26.79	27.10
79	126.58	25.60	25.91	26.22	26.52	26.83	27.14	27.45
80	125. „	25.93	26.25	26.56	26.87	27.18	27.50	27.81
81	123.45	26.25	26.54	26.88	27.19	27.51	27.83	28.14
82	121.95	26.57	26.89	27.21	27.53	27.85	28.18	28.50
83	120.68	26.86	27.19	27.51	27.84	28.16	28.48	28.81
84	119.04	27.22	27.55	27.88	28.21	28.53	28.86	29.19

Prix des 100 Kilog.

Poids de l'hectolitre	Quantité de litres pour faire 100 kil.	Valeur de l'hectolitre du poids de 80 kil. pris pour base						
		22.50	22.75	23. „	23.25	23.50	23.75	24. „
		Valeur des 100 kil. depuis 153ˡⁱᵗ 84 jusqu'à 119ˡⁱ 04.						
65	153.84	22.83	23.09	23.34	23.60	23.85	24.10	24.36
66	151.51	23.18	23.44	23.70	23.96	24.21	24.47	24.73
67	149.25	23.54	23.80	24.06	24.32	24.58	24.84	25.11
68	147.05	23.90	24.17	24.43	24.70	24.96	25.23	25.49
69	144.92	24.23	24.50	24.77	25.04	25.31	25.58	25.85
70	142.85	24.59	24.86	25.13	25.41	25.68	25.95	26.23
71	140.84	24.88	25.15	25.43	25.71	25.98	26.26	26.53
72	138.88	25.31	25.59	25.87	26.15	26.43	26.71	26.99
73	137.12	25.65	25.93	26.22	26.50	26.79	27.07	27.36
74	135.13	25.98	26.27	26.56	26.85	27.14	27.43	27.72
75	133.33	26.35	26.63	26.92	27.22	27.51	27.80	22.09
76	131.57	26.71	27.01	27.30	27.60	27.90	28.19	28.49
77	129.87	27.05	27.35	27.65	27.95	28.25	28.55	28.85
78	128.20	27.40	27.71	28.01	28.32	28.62	28.93	29.23
79	126.58	27.76	28.07	28.37	28.68	28.99	29.30	29.61
80	125. „	28.12	28.43	28.75	29.06	29.37	29.68	30. „
81	123.45	28.46	28.78	29.09	29.41	29.72	30.04	30 36
82	121.95	28.82	29.14	29.46	29.78	30.10	30.42	30.74
83	120.68	29.13	29.45	29.78	30.10	30.43	30.75	31.07
84	119.04	29.52	29.84	30.17	30.50	30.83	31.16	31.48

Prix des 100 Kilog.

Poids de l'hectolitre	Quantité de litres pour faire 100 Kil.	Valeur de l'hectolitre ou poids de 80 Kil. pris pour base						
		24.25	24.50	24.75	25.	25.25	25.50	25.75
		Valeur des 100 Kil. depuis 153^{lit} 84 jusqu'à 119^{lit} 04						
65	153.84	24.61	24.86	25.12	25.37	25.63	25.88	26.13
66	151.51	24.99	25.25	25.50	25.76	26.02	26.25	26.53
67	149.25	25.37	25.63	25.89	26.15	26.42	26.68	26.94
68	147.05	25.76	26.03	26.29	26.56	26.82	27.09	27.35
69	144.92	26.12	26.39	26.66	26.93	27.20	27.47	27.74
70	142.85	26.50	26.78	27.05	27.32	27.60	27.87	28.14
71	140.84	26.81	27.09	27.36	27.64	27.91	28.19	28.46
72	138.88	27.27	27.56	27.84	28.12	28.40	28.68	28.96
73	137.12	27.64	27.93	28.21	28.50	28.78	29.07	29.35
74	135.13	28.01	28.30	28.58	28.87	29.16	29.45	29.74
75	133.33	28.39	28.68	28.97	29.27	29.56	29.85	30.14
76	131.57	28.79	29.09	29.38	29.68	29.98	30.27	30.57
77	129.87	29.15	29.46	29.76	30.06	30.36	30.66	30.96
78	128.20	29.54	29.84	30.14	30.45	30.75	31.06	31.36
79	126.58	29.92	30.23	30.53	30.84	31.15	31.46	31.77
80	125.	30.31	30.62	30.93	31.25	31.56	31.87	32.18
81	123.45	30.67	30.99	31.31	31.62	31.94	32.26	32.57
82	121.95	31.06	31.38	31.70	32.02	32.34	32.66	32.98
83	120.68	31.40	31.72	32.04	32.37	32.69	33.01	33.34
84	119.04	31.81	32.14	32.47	32.80	33.12	33.45	33.78

Prix des 100 Kilogr.

Poids de l'hectolitre	Quantité de litres pour faire 100 kil.	Valeur de l'hectolitre du poids de 80 kil. pris pour base.						
		26. „	26.25	26.50	26.75	27. „	27.25	27.50
		Valeur des 100 kil. depuis 153ᵏ84 jusqu'à 119ᵏ04.						
65	153.84	26.39	26.64	26.89	27.15	27.40	27.66	27.91
66	151.51	26.79	27.05	27.31	27.57	27.82	28.02	28.35
67	149.25	27.20	27.46	27.72	27.91	28.24	28.50	28.77
68	147.05	27.02	27.88	28.15	28.42	28.68	28.95	29.21
69	144.92	28.01	28.28	28.55	28.82	29.09	29.35	29.62
70	142.85	28.42	28.69	28.96	29.24	29.51	29.78	30.06
71	140.84	28.74	29.02	29.29	29.57	29.84	30.12	30.39
72	138.28	29.24	29.52	29.80	30.09	30.37	30.65	30.93
73	137.12	29.64	29.92	30.21	30.49	30.78	31.06	31.35
74	135.13	29.03	30.32	30.61	30.89	31.18	31.47	31.76
75	133.33	30.44	30.74	31.03	31.33	31.62	31.91	32.20
76	131.57	30.87	31.16	31.46	31.76	32.05	32.35	32.65
77	129.27	31.26	31.56	31.86	32.16	32.46	32.76	33.06
78	128.20	31.67	31.97	32.28	32.58	32.89	33.19	33.50
79	126.58	32.08	32.38	32.69	33. „	33.31	33.62	33.93
80	125. „	32.50	32.81	33.12	33.43	33.75	34.06	34.37
81	123.45	32.89	33.20	33.52	33.84	34.15	34.47	34.79
82	121.95	33.30	33.62	33.94	34.26	34.59	34.91	35.23
83	120.68	33.66	33.99	34.31	34.63	34.96	35.28	35.60
84	119.04	34.11	34.44	34.76	35.09	35.42	35.75	36.07

Prix des 100 Kilog.

Poids de l'hectolitre	Quantité de litres pour faire 100 kil.	Valeur de l'hectolitre ou poids de 80 Kil. pris pour base						
		27.75	28. „	28.25	28.50	28.75	29. „	29.25
		Valeur des 100 Kil. depuis 153 lit 84 jusqu'à 119 lit 04						
65	153.84	28.16	28.42	28.67	28.92	29.18	29.43	29.69
66	151.51	28.60	28.85	29.11	29.37	29.63	29.89	30.14
67	149.25	29.03	29.29	29.56	29.82	30.08	30.34	30.60
68	147.05	29.48	29.74	30.01	30.27	30.54	30.81	31.07
69	144.92	29.89	30.16	30.43	30.70	30.97	31.24	31.51
70	142.85	30.33	30.60	30.88	31.15	31.42	31.70	31.97
71	140.84	30.67	30.95	31.22	31.50	31.77	32.05	32.33
72	138.88	31.21	31.49	31.77	32.05	32.34	32.62	32.90
73	137.12	31.63	31.92	32.20	32.49	32.77	33.06	33.34
74	135.13	32.05	32.34	32.63	32.92	33.20	33.49	33.78
75	133.33	32.50	32.79	33.08	33.38	33.67	33.96	34.26
76	131.57	32.94	33.24	33.54	33.83	34.13	34.43	34.72
77	129.87	33.37	33.67	33.97	34.27	34.57	34.87	35.17
78	128.20	33.80	34.11	34.41	34.72	35.02	35.32	35.63
79	126.58	34.23	34.54	34.83	35.16	35.47	35.78	36.08
80	125. „	34.68	35. „	35.31	35.62	35.93	36.25	36.56
81	123.45	35.10	35.42	35.73	36.05	36.37	36.61	37. „
82	121.95	35.55	35.87	36.19	36.51	36.83	37.15	37.47
83	120.68	35.93	36.25	36.58	36.90	37.22	37.55	37.87
84	119.04	36.40	36.73	37.06	37.39	37.71	38.04	38.37

Prix des 100 Kilog.

Poids de l'hectolitre	Quantité de litres pour faire 100 kil.	Valeur de l'hectolitre du poids de 80 Kil. pris pour base						
		29.50	29.75	30. „	30.25	30.50	30.75	31. „
		Valeur des 100 Kil. depuis 153ᶫⁱˢ 84 jusqu'à 119ᶫⁱˢ 04.						
65	153.84	29.94	30.19	30.45	30.70	30.96	31.21	31.46
66	151.51	30.40	30.66	30.92	31.17	31.43	31.69	31.95
67	149.25	30.86	31.13	31.39	31.66	31.91	32.17	32.43
68	147.05	31.34	31.60	31.87	32.13	32.40	32.67	33.93
69	144.92	31.78	32.05	32.32	32.59	32.86	33.13	33.40
70	142.85	32.24	32.52	32.79	33.06	33.34	33.61	33.88
71	140.84	32.60	32.88	33.15	33.43	33.70	34.98	34.26
72	138.88	33.18	33.46	33.74	34.02	34.30	34.59	34.87
73	137.12	33.63	33.91	34.20	34.48	34.77	35.05	35.33
74	135.13	34.07	34.36	34.65	34.94	35.23	35.52	35.80
75	133.33	34.55	34.84	35.13	35.43	35.72	36.01	36.31
76	131.57	35.02	35.32	35.61	35.91	36.21	36.51	36.80
77	129.87	35.47	35.77	36.07	36.37	36.67	36.98	37.28
78	128.20	35.93	36.24	36.54	36.85	37.15	37.46	37.76
79	126.58	36.39	36.70	37.01	37.32	37.63	37.94	38.24
80	125. „	36.87	37.18	37.50	37.81	38.12	38.43	38.75
81	123.45	37.32	37.63	37.95	38.26	38.58	38.90	39.21
82	121.95	37.79	38.11	38.43	38.75	39.07	39.39	39.71
83	120.68	38.19	38.52	38.84	39.17	39.49	39.81	40.14
84	119.04	38.70	39.03	39.35	39.68	40.01	40.34	40.67

Prix des 100 Kilogr.

Poids de l'hectolitre	Quantité de litres pour faire 100 kil.	Valeur de l'hectolitre du poids de 80 Kil. pris pour base.						
		31.25	31.50	31.75	32. ..	32.25	32.50	32.75
		Valeur des 100 Kil. depuis 153^{lit} 84 jusqu'à 119^{lit} 04.						
65	153.84	31.72	31.97	32.22	32.48	32.73	32.99	33.24
66	151.51	32.21	32.46	32.72	32.98	33.24	33.49	33.75
67	149.25	32.70	32.96	33.22	33.48	33.74	34. ,	34.27
68	147.05	33.20	33.46	33.73	33.99	34.26	34.52	34.79
69	144.92	33.67	33.94	34.21	34.48	34.74	35.01	35.28
70	142.85	34.16	34.43	34.70	34.98	35.25	35.52	35.80
71	140.84	34.53	34.81	35.08	35.36	35.63	35.90	36.18
72	138.88	35.15	35.43	35.71	35.99	36.27	36.55	36.83
73	137.12	35.61	35.90	36.18	36.54	36.82	37. ,,	37.40
74	135.13	36.09	36.38	36.67	36.96	37.25	37.54	37.83
75	133.33	36.60	36.89	37.18	37.48	37.77	38.06	38.36
76	131.57	37.10	37.39	37.69	37.99	38.28	38.58	38.88
77	129.87	37.58	37.88	38.18	38.48	38.78	39.08	39.38
78	128.20	38 07	38.37	38.68	38.98	39.26	39.57	39.87
79	126.58	38.55	38.86	39.17	39.48	39.79	40.09	40.40
80	125. ,	39.06	39.37	39.68	40. ..	40.11	40.62	40.93
81	123.45	39.53	39.85	40.16	40.48	40.80	41.11	41.43
82	121.95	40.03	40.35	40.67	41. ..	41.32	41.64	41.96
83	120.68	40.46	40.78	41.11	41.43	41.75	42.08	42.40
84	119.04	40.99	41.32	41.65	41.98	42.30	42.63	42.96

Prix des 100 Kilog.

Poids de l'hectolitre	Quantité de litres pour faire 100 Kil.	Valeur de l'hectolitre du poids de 80 Kil. pris pour base.						
		33. ..	33.25	33.50	33.75	34. ..	34.25	34.50
		Valeur des 100 Kil. depuis 153^{li} 84 jusqu'à 119^{li} 09.						
65	153.84	33.49	33.75	34. ..	34.25	34.51	34 76	35.02
66	151.51	34.01	34.27	34.53	34.78	35.04	35.30	35.56
67	149.25	34.53	34.79	35.05	35.31	35.57	35.84	36.10
68	147.05	35.06	35.32	35.59	35.85	36.12	36.38	36.65
69	144.92	35.55	35.82	36.09	36.36	36.63	36.90	37.17
70	142.85	36.07	36.34	36.62	36.89	37.16	37.44	37.71
71	140.84	36.45	36.73	37. ..	37.28	37.56	37.83	38.11
72	138.88	37.12	37.40	37.68	37.96	38.24	38.52	38.80
73	137.12	37.68	37.97	38.25	38.50	38.83	39.03	39.32
74	135.13	38.11	38.40	38.69	38.98	39.27	39.56	39.85
75	133.33	38.65	38.94	39.23	39.53	39.82	40.11	40.41
76	131.57	39.17	39.47	39.77	40.07	40.36	40.66	40.96
77	129.87	39.68	39.98	40.28	40.58	40.89	41.19	41.49
78	128.20	40.17	40.48	40.78	41.09	41.39	41.70	42. ..
79	126.58	40.71	41.02	41.33	41.64	41.94	42.25	42.56
80	125. ..	41.25	41.56	41.87	42.18	42.50	42.81	43.12
81	123.45	41.74	42.06	42.38	42.69	43.01	43.38	43.64
82	121.95	42.18	42.60	42.92	43.24	43.56	43.88	44.20
83	120.68	42.73	43.05	43.37	43.70	44.02	44.34	44.67
84	119.04	43.29	43.62	43.74	44.27	44.60	44.93	45.26

Prix des 100 Kilog.

Poids de l'hectolitre	Quantité de litres pour faire 100 kil.	Valeur de l'hectolitre du poids de 80 Kil. pris pour base						
		34.75	35. „	35.25	35.50	35.75	36. „	36.25
		Valeur des 100 Kil. depuis 153 lit. 84 jusqu'à 119 lit. 84.						
65	153.84	35.27	35.42	35.78	36.03	36.29	36.54	36.79
66	151.51	35.81	36.07	36.33	36.59	36.85	37.10	37.37
67	149.25	36.36	36.62	36.88	37.14	37.41	37.67	37.93
68	147.05	37.91	37.18	37.45	37.71	37.98	38.24	38.51
69	144.92	37.44	37.71	37.98	38.25	38.52	38.79	39.06
70	142.85	37.98	38.26	38.53	38.80	39.08	39.35	39.62
71	140.84	38.38	38.67	38.94	39.22	39.60	39.77	40.05
72	138.88	39.08	39.37	39.65	39.93	40.21	40.49	40.77
73	137.12	39.60	39.89	40.17	40.46	40.74	41.03	41.31
74	135.13	40.14	40.42	40.71	41. „	41.29	41.58	41.87
75	133.33	40.70	40.99	41.28	41.52	41.87	42.16	42.46
76	131.57	41.25	41.55	41.85	42.14	42.44	42.74	43.03
77	129.87	41.79	42.09	42.39	42.69	42.99	43.29	43.59
78	128.20	42.31	42.61	42.91	43.22	43.52	43.83	44.13
79	126.58	42.87	43.18	43.49	43.79	44.10	44.41	44.72
80	125. „	43.43	43.75	44.06	44.37	44.68	45. „	45.31
81	123.45	43.96	44.27	44.59	44.91	45.22	45.54	45.86
82	121.95	44.52	44.84	45.16	45.43	45.80	46.12	46.44
83	120.68	44.99	45.32	45.64	45.96	46.29	46.61	46.93
84	119.04	45.58	45.91	46.24	46.57	46.90	47.22	47.55

Prix des 100 Kilog.

Poids de l'hectolitre	Quantité de litres pour faire 100 Kil.	Valeur de l'hectolitre du poids de 80 Kil. pris pour base.						
		36.50	36.75	37. "	37.25	37.50	37.75	38. .
		Valeur des 100 Kil. depuis 153 lit. 84 jusqu'à 119 lit. 04.						
65	153.84	37.05	37.30	37.55	37.81	38.06	38.32	38.57
66	151.51	37.63	37.89	38.14	38.40	38.66	38.92	39.17
67	149.25	38.19	38.45	38.72	38.98	39.24	39.50	39.76
68	147.05	38.77	39.04	39.31	39.57	39.84	40.10	40.37
69	144.92	39.33	39.60	39.81	40.13	40.40	40.67	40.94
70	142.85	39.90	40.17	40.45	40.92	40.99	41.27	41.54
71	140.34	40.32	40.60	40.88	41.15	41.43	41.70	41.98
72	138.88	41.05	41.33	41.62	41.90	42.18	42.46	42.74
73	137.12	41.60	41.88	42.17	42.45	42.74	43.02	43.31
74	135.13	42.16	42.45	42.74	43.02	43.31	43.60	43.89
75	133.33	42.75	43.04	43.34	43.63	43.92	44.21	44.51
76	131.57	43.33	43.63	43.93	44.22	44.52	44.82	45.11
77	129.87	43.89	44.19	44.50	44.80	45.10	45.40	45.70
78	128.20	44.44	44.74	45.05	45.35	45.65	45.96	46.26
79	126.58	45.03	45.34	45.65	45.95	46.26	46.57	46.88
80	125. "	45.62	45.93	46.28	46.56	46.87	47.18	47.50
81	123.45	46.17	46.49	46.81	47.12	47.44	47.75	48.07
82	121.95	46.76	47.08	47.41	47.73	48.05	48.37	48.69
83	120.68	47.26	47.58	47.91	48.23	48.55	48.88	49.20
84	119.04	47.28	48.21	48.54	48.86	49.19	49.52	49.85

Prix des 100 Kilogr.

Poids de l'hectolitre	Quantité de litres pour faire 100 kil.	Valeur de l'hectolitre du poids de 80 kil. pris pour base						
		38.25	38.50	38.75	39."	39.25	39.50	39.75
		Valeur des 100 Kil. depuis 153 liv. 84 jusqu'à 119 liv. 04.						
65	153.84	38.82	39.08	39.33	39.58	39.84	40.09	40.35
66	151.51	39.43	39.69	39.95	40.21	40.46	40.72	40.98
67	149.25	40.02	40.29	40.55	40.81	41.07	41.33	41.59
68	147.05	40.63	40.90	41.16	41.43	41.70	41.96	42.23
69	144.92	41.21	41.48	41.75	42.02	42.29	42.56	42.83
70	142.85	41.81	42.19	42.36	42.63	42.91	43.18	43.45
71	140.84	42.25	42.53	42.81	43.08	43.36	43.63	43.91
72	138.88	43.02	43.30	43.58	43.86	44.15	44.43	44.71
73	137.12	43.59	43.88	44.17	44.46	44.74	45.03	45.31
74	135.13	44.18	44.47	44.76	45.05	45.33	45.62	45.91
75	133.33	44.80	45.09	45.39	45.68	45.97	46.26	46.56
76	131.57	45.41	45.71	46..	46.30	46.60	46.89	47.19
77	129.87	46..	46.30	46.60	46.90	47.20	47.50	47.80
78	128.20	46.57	46.87	47.18	47.48	47.78	48.09	48.39
79	126.58	47.19	47.50	47.80	48.11	48.42	48.73	49.04
80	125..	47.81	48.12	48.43	48.75	49.06	49.37	49.68
81	123.45	48.39	48.70	49.02	49.34	49.65	49.97	50.28
82	121.95	49.01	49.33	49.65	49.97	50.29	50.61	50.93
83	120.68	49.52	49.85	50.17	50.49	50.82	51.14	51.47
84	119.04	50.17	50.50	50.83	51.16	51.49	51.81	52.14

Prix des 100 Kilog.

Poids de l'hectolitre	quantité d'hectolitres pour faire 100 Kil.	Valeur de l'hectolitre du poids de 80 Kil. pris pour base.						
		40. ,						
		Valeur des 100 Kil. depuis 154^{fr} 84 jusqu'à 119^{fr} 04.						
65	153.84	40.60						
66	151.51	41.24						
67	149.25	41.86						
68	147.05	42.50						
69	144.92	43.11						
70	142.85	43.73						
71	140.84	44.18						
72	138.88	45. ,						
73	137.12	45.60						
74	135.13	46.20						
75	133.33	46.86						
76	131.57	47.50						
77	129.87	48.11						
78	128.20	48.71						
79	126.58	49.36						
80	125. ,	50. ,						
81	123.45	50.61						
82	121.95	51.24						
83	120.68	51.80						
84	119.04	52.48						

Tableau 4.

Prix de l'hectolitre ½
basé
sur le prix de l'hectolitre à 80 Kil:
et sur le poids de l'hectolitre.

Explications.

La première Colonne verticale qui commence par 65 et finit par 84 indique les poids depuis le plus faible jusqu'au plus fort qu'un hectolitre puisse atteindre!

La 2ᵉ Colonne verticale qui commence par 97.50 et finit par 126 indique les poids de l'hectolitre ½

Chaque poids inscrit dans cette Colonne est basé sur son Correspondant — dans la 1ʳᵉ Colonne verticale.

La première Colonne horizontale séparée contient les prix de l'hectolitre de blé, à partir du plus petit qu'il puisse avoir, c'est à dire 12 francs, jusqu'au plus haut c'est-à-dire 40 francs.

Tous les prix contenus dans les colonnes verticales sont ceux de l'hectolitre 1/2 du poids correspondant dans la 2e Colonne verticale intitulée poids de l'hectolitre 1/2.

Ces prix sont basés sur le prix de l'hectolitre du poids de 80 Kil. qui leur correspond dans la 1re Colonne horizontale séparée.

Manière de se servir de ce Tableau.

Problème – L'hectolitre de blé pesant 80 K° vaut 13f 25c. Combien vaudra l'hectolitre 1/2 qui peserait 114.

Cherchons dans la 2e Colonne verticale intitulée : Poids de l'hectolitre 1/2 le nombre 114. Suivons la ligne horizontale correspondante qui commence par 16. 24 et regardons à chaque nombre nouveau que nous rencontrons le nombre de la Colonne horizontale séparée qui correspond à la Colonne verticale où se trouve le nombre que nous considérons jusqu'à ce que nous ayons trouvé le nombre 13.25 dans la colonne horizontale séparée.

Lorsque nous avons trouvé le nombre 13.25, nous avons le doigt sur le nombre 17.93.

L'hectolitre 1/2 pesant 13.25 vaut 17.93.

Ainsi, en Résumé, On cherche dans la 2e Colonne verticale, le poids de l'hectolitre 1/2 de blé dont on veut trouver le prix et on suit la ligne horizontale qui y correspond. On cherche ensuite dans la Colonne horizontale séparée le prix de l'hectolitre de blé pesant pesant 80 Kil. on suit la Colonne verticale qui y correspond, et le nombre qui se trouve au point de jonction des 2 lignes que l'on a suivi est le prix demandé.

Prix de l'hectolitre 1/2.

Poids de l'hectolitre	Poids de l'hectolitre 1/2	Valeur de l'hectolitre du poids de 80 k.^os pris pour base.						
		12. „	12.25	12.50	12.75	13. „	13.25	13.50
		Valeur de l'hectolitre 1/2 pesant depuis 97k.50 jusqu'à 126k.						
65	97.50	11.88	12.12	12.37	12.62	12.87	13.11	13.36
66	99. „	12.24	12.49	12.75	13. „	13.26	13.51	13.77
67	100.50	12.61	12.87	13.13	13.39	13.66	13.92	14.18
68	102. „	13. „	13.27	13.54	13.81	14.08	14.35	14.62
69	103.50	13.38	13.65	13.93	14.21	14.49	14.77	15.05
70	105. „	13.77	14.05	14.34	14.63	14.91	15.20	15.49
71	106.50	14.17	14.46	14.75	15.05	15.34	15.63	15.93
72	108. „	14.58	14.88	15.18	15.49	15.79	16.09	16.40
73	109.50	14.98	15.29	15.60	15.91	16.22	16.54	16.85
74	111. „	15.39	15.71	16.03	16.35	16.67	16.99	17.31
75	112.50	15.81	16.13	16.46	16.79	17.12	17.45	17.78
76	114. „	16.24	16.57	16.91	17.25	17.59	17.93	18.26
77	115.50	16.66	17. „	17.35	17.70	18.04	18.39	18.74
78	117. „	17.10	17.45	17.81	18.16	18.52	18.88	19.23
79	118.50	17.55	17.91	18.28	18.64	19.05	19.37	19.74
80	120. „	18. „	18.37	18.75	19.12	19.50	19.87	20.25
81	121.50	18.45	18.83	19.21	19.60	19.98	20.37	20.75
82	123. „	18.90	19.29	19.68	20.08	20.47	20.87	21.26
83	124.50	19.35	19.75	20.15	20.55	20.96	21.36	21.76
84	126. „	19.84	20.25	20.66	21.07	21.49	21.90	22.31

Prix de l'hectolitre 1/2.

Poids de l'hectolitre	Poids de l'hectolitre 1/2	Valeur de l'hectolitre du poids de 80 Kil. pris pour base.						
		13. 75	14. „	14. 25	14. 50	14. 75	16. „	16. 25
		Valeur de l'hectolitre 1/2 pesant depuis 97.50 jusqu'à 126 k						
65	97.50	13.61	13.86	14.10	14.36	14.60	14.85	15.09
66	99. „	14.02	14.28	14 53	14.79	15.04	15.30	15.55
67	100.50	14.45	14.71	14.97	15.23	15.50	15.76	16.02
68	102. „	14.89	15.16	15.43	15.70	15.97	16.25	16.52
69	103.50	15.33	15.61	15.89	16.17	16.44	16.72	17. „
70	105. „	15.77	16.06	16.35	16.64	16.92	17.21	17.50
71	106.50	16.22	16.52	16.81	17.10	17.40	17.69	17.98
72	108. „	16.70	17. „	17.31	17.61	17.92	18.22	18.52
73	109.50	17.16	17.47	17.79	18.10	18.41	18.72	19.03
74	111. „	17.63	17.94	18.27	18.59	18.91	19.23	19.55
75	112.50	18.11	18.44	18.77	19.10	19.43	19.76	20.09
76	114. „	18.60	18.94	19.28	19.62	19.96	20.30	20.63
77	115.50	19.09	19.43	19.78	20.13	20.48	20.82	21.17
78	117. „	19.59	19.94	20.30	20.66	21.01	21.37	21.73
79	118.50	20.10	20.47	20.84	21.20	21.57	21.93	22.30
80	120. „	20.62	21. „	21.37	21.75	22.12	22.50	22.87
81	121.50	21.14	21.52	21.90	22.29	22.67	23.06	23.44
82	123. „	21.65	22.05	22.44	22.84	23.23	23.62	24.02
83	124.50	22.17	22.57	22.97	23.38	23.78	24.18	24.58
84	126. „	22.73	23.14	23.55	23.97	24.38	24.79	25.21

Prix de l'hectolitre ½.

Poids de l'hectolitre	Poids de l'hectolitre ½	Valeur de l'hectolitre du poids de 80 Kil. pris pour base.						
		15.50	15.75	16. „	16.25	16.50	16.75	17. „
		Valeur de l'hectolitre ½ pesant depuis 97.50 jusqu'à 126 k						
65	97.50	15.34	16.59	15.84	16.08	16.33	16.58	16.83
66	99. „	15.81	16.06	16.32	16.57	16.83	17.08	17.34
67	100.50	16.29	16.55	16.81	17.07	17.34	17.60	17.86
68	102. „	16.79	17.06	17.33	17.60	17.87	18.14	18.41
69	103.50	17.28	17.56	17.84	18.12	18.40	18.68	18.96
70	105. „	17.78	18.07	18.36	18.65	18.93	19.22	19.51
71	106.50	18.28	18.57	18.87	19.16	19.45	19.75	20.04
72	108. „	18.83	19.13	19.43	19.74	20.04	20.35	20.65
73	109.50	19.35	19.66	19.97	20.28	20.60	20.91	21.22
74	111. „	19.87	20.19	20.51	20.84	21.16	21.48	21.80
75	112.50	20.42	20.75	21.08	21.41	21.74	22.07	22.40
76	114. „	20.97	21.31	21.65	21.99	22.33	22.67	23. „
77	115.50	21.52	21.87	22.21	22.54	22.91	23.26	23.60
78	117. „	22.08	22.44	22.79	23.15	23.51	23.86	24.22
79	118.50	22.66	23.03	23.39	23.76	24.13	24.49	24.86
80	120. „	23.25	23.62	24. „	24.37	24.75	25.12	25.50
81	121.50	23.83	24.21	24.59	24.98	25.36	25.75	26.13
82	123. „	24.41	24.81	25.20	25.59	25.99	26.38	26.78
83	124.50	24.99	25.39	25.79	26.20	26.60	27. „	27.41
84	126. „	25.62	26.03	26.45	26.86	27.27	27.69	28.10

Prix de l'hectolitre ½.

Poids de l'hectolitre	Poids de l'hectolitre ½.	Valeur de l'hectolitre du poids de 80 Kil. pris pour base.						
		17. 25	17 50	17. 75	18. „	18. 25	18. 50	18. 75
		Valeur de l'hectolitre ½ pesant depuis 97. 50 jusqu'à 126ᴷ						
65	97.50	17.07	17.32	17.57	17.82	18.06	18.31	18.56
66	99. „	17.59	17.85	18.11	18.36	18.62	18.87	19.13
67	100.50	18.13	18.39	18.65	18.91	19.17	19.44	19.70
68	102. „	18.68	18.95	19.23	19.50	19.77	20.04	20.31
69	103.50	19.23	19.51	19.79	20.07	20.35	20.63	20.91
70	105. „	19.79	20.08	20.37	20.66	20.94	21.23	21.52
71	106.50	20.33	20.63	20.92	21.22	21.51	21.80	22.10
72	108. „	20.94	21.26	21.56	21.36	22.17	22.47	22.77
73	109.50	21.53	21.84	22.16	22.47	22.78	23.09	23.40
74	111. „	22.12	22.44	22.76	23.08	23.40	23.72	24.04
75	112.50	22.73	23.06	23.38	23.71	24.04	24.37	24.70
76	114. „	23.34	23.68	24.02	24.36	24.70	25.03	25.37
77	115.50	23.95	24.30	24.65	24.99	25.34	25.69	26.04
78	117. „	24.58	24.93	25.26	25.64	26. „	26.36	26.71
79	118.50	25.22	25.59	25.95	26.32	26.69	27.05	27.42
80	120. „	25.87	26.25	26.62	27. „	27.37	27.75	28.12
81	121.50	26.52	26.90	27.28	27.67	28.05	28.44	28.92
82	123. „	27.17	27.56	27.96	28.35	28.75	29.14	29.53
83	124.50	27.81	28.21	28.61	29.02	29.42	29.82	30.23
84	126. „	28.51	28.93	29.34	29.75	30.17	30.58	30.99

Prix de l'hectolitre ½.

Poids de l'hectolitre	Poids de l'hectolitre ½	Valeur de l'hectolitre du poids de 80 kil. pris pour base.						
		19. „	19.25	19.50	19.75	20. „	20.25	20.50
		Valeur de l'hectolitre ½ pesant depuis 97.50 jusqu'à 126						
65	97.50	18.81	19.04	19.30	19.55	19.80	20.04	20.29
66	99. „	19.38	19.64	19.89	20.15	20.40	20.66	20.91
67	100.50	19.96	20.23	20.49	20.75	21.01	21.28	21.54
68	102. „	20.58	20.85	21.12	21.39	21.66	21.93	22.21
69	103.50	21.19	21.47	21.75	22.02	22.30	22.58	22.86
70	105. „	21.80	22.09	22.38	22.67	22.95	23.24	23.53
71	106.50	22.39	22.68	22.98	23.27	23.57	23.86	24.15
72	108. „	23.08	23.38	23.69	23.99	24.29	24.60	24.90
73	109.50	23.71	24.02	24.33	24.64	24.96	25.27	25.58
74	111. „	24.36	24.68	25. „	25.32	25.64	25.97	26.29
75	112.50	25.03	25.36	25.69	26.02	26.35	26.68	27.01
76	114. „	25.71	26.05	26.39	26.73	27.07	27.40	27.74
77	115.50	26.38	26.73	27.08	27.43	27.77	28.12	28.47
78	117. „	27.07	27.42	27.78	28.14	28.49	28.85	29.21
79	118.50	27.78	28.15	28.51	28.88	29.24	29.61	29.98
80	120. „	28.50	28.87	29.25	29.62	30. „	30.37	30.75
81	121.50	29.21	29.59	29.97	30.36	30.74	31.13	31.51
82	123. „	29.93	30.32	30.72	31.11	31.50	31.90	32.29
83	124.50	30.63	31.03	31.44	31.84	32.24	32.64	33.05
84	126. „	31.41	31.82	32.83	32.65	33.06	33.47	33.89

Prix de l'hectolitre 1/2

Poids de l'hectolitre	Poids de l'hectolitre 1/2	Valeur de l'hectolitre du poids de 80 Kil. pris pour base.						
		20.75	21. „	21.25	21.50	21.75	22. „	22.25
		Valeur de l'hectolitre 1/2 pesant depuis 97.50 jusqu'à 126 k						
65	97.50	20.54	20.79	21.03	21.28	21.53	21.78	22.02
66	99. „	21.17	21.42	21.68	21.94	22.19	22.45	22.70
67	100.50	21.80	22.06	22.33	22.59	22.85	23.12	23.38
68	102. „	22.48	22.75	23.02	23.28	23.55	23.83	24.11
69	103.50	23.14	23.42	23.70	23.98	24.26	24.54	24.81
70	105. „	23.81	24.10	24.39	24.67	24.96	25.25	25.54
71	106.50	24.45	24.74	25.03	25.33	25.62	25.92	26.21
72	108. „	25.20	25.51	25.84	26.12	26.42	26.72	27.03
73	109.50	25.89	26.21	26.52	26.83	27.14	27.45	27.77
74	111. „	26.61	26.93	27.25	27.57	27.89	28.21	28.53
75	112.50	27.34	27.67	28. „	28.33	28.66	28.99	29.32
76	114. „	28.08	28.42	28.76	29.10	29.44	29.77	30.11
77	115.50	28.82	29.16	29.51	29.86	30.21	30.55	30.90
78	117. „	29.56	29.92	30.27	30.63	30.99	31.34	31.70
79	118.50	30.34	30.71	31.07	31.44	31.80	32.17	32.53
80	120. „	31.12	31.50	31.87	32.25	32.62	33. „	33.37
81	121.50	31.90	32.28	32.66	33.05	33.43	33.82	34.20
82	123. „	32.69	33.08	33.47	33.87	34.26	34.66	35.05
83	124.50	33.45	33.85	34.26	34.66	35.06	35.47	35.87
84	126. „	34.30	34.71	35.13	35.54	35.95	36.37	36.78

Prix de l'hectolitre 1/2.

Poids de l'hectolitre	Poids de l'hectolitre 1/2	Valeur de l'hectolitre du poids de 80 Kil. pris pour base						
		22.50	22.75	23. „	23.25	23.50	23.75	24. „
		Valeur de l'hectolitre 1/2 pesant depuis 97.50 jusqu'à 126ᵏ						
65	97.50	22.27	22.52	22.77	23.01	23.26	23.51	23.76
66	99. „	22.96	23.21	23.47	23.72	23.98	24.23	24.49
67	100.50	23.64	23.90	24.17	24.43	24.69	24.96	25.22
68	102. „	24.38	24.65	24.92	25.19	25.46	25.73	26. „
69	103.50	25.09	25.37	25.65	25.93	26.21	26.49	26.77
70	105. „	25.82	26.11	26.40	26.68	26.97	27.26	27.55
71	106.50	26.50	26.80	27.09	27.38	27.68	27.97	28.27
72	108. „	27.33	27.63	27.94	28.24	28.55	28.85	29.15
73	109.50	27.08	28.39	28.70	29.02	29.33	29.64	29.95
74	111. „	28.85	29.17	29.49	29.81	30.13	30.45	30.77
75	112.50	29.65	29.98	30.31	30.63	30.96	31.29	31.62
76	114. „	30.45	30.79	31.13	31.47	31.81	32.14	32.48
77	115.50	31.25	31.60	31.94	32.29	32.64	32.99	33.33
78	117. „	32.06	32.41	32.77	33.12	33.48	33.85	34.21
79	118.50	32.90	33.27	33.63	34. „	34.36	34.73	35.09
80	120. „	33.75	34.12	34.50	34.87	35.25	35.62	36. „
81	121.50	34.59	34.97	35.35	35.74	36.12	36.51	36.89
82	123. „	35.44	35.84	36.23	36.63	37.02	37.41	37.81
83	124.50	36.27	36.67	37.08	37.48	37.88	38.29	38.69
84	126. „	37.19	37.61	38.02	38.43	38.85	39.26	39.67

Prix de l'hectolitre ½.

Poids de l'hectolitre	Poids de l'hectolitre ½	Valeur de l'hectolitre du poids de 80 kil. pris pour base.						
		24.25	24.50	24.75	25. „	25.25	25.50	25.75
		Valeur de l'hectolitre ½ pesant depuis 97.50 jusqu'à 126 K						
65	97.50	24.04	24.25	24.50	24.75	24.98	25.24	25.49
66	99. „	24.74	25. „	25.25	25.51	25.76	26.02	26.27
67	100.50	25.42	25.74	26.05	26.27	26.53	26.79	27.06
68	102. „	26.28	26.55	26.82	27.09	27.36	27.63	27.90
69	103.50	27.05	27.33	27.60	27.88	28.16	28.44	28.72
70	105. „	27.83	28.12	28.41	28.69	28.98	29.27	29.56
71	106.50	28.56	28.85	29.15	29.44	29.73	30.03	30.32
72	108. „	29.46	29.76	30.06	30.37	30.67	30.97	31.28
73	109.50	30.26	30.58	30.89	31.20	31.51	31.83	32.14
74	111. „	31.10	31.42	31.74	32.06	32.48	32.70	33.02
75	112.50	31.95	32.28	32.61	32.94	33.27	33.60	33.93
76	114. „	32.82	33.16	33.50	33.84	34.17	34.51	34.85
77	115.50	33.68	34.03	34.38	34.72	35.07	35.42	35.77
78	117. „	34.56	34.92	35.28	35.63	35.99	36.35	36.70
•79	118.50	35.46	35.83	36.19	36.56	36.92	37.29	37.65
80	120. „	36.37	36.75	37.12	37.50	37.87	38.25	38.62
81	121.50	37.28	37.66	38.04	38.43	38.81	39.20	39.58
82	123. „	38.26	38.66	39.05	39.44	39.84	40.23	40.63
83	124.50	39.09	39.50	39.90	40.30	40.70	41.11	41.51
84	126. „	40.09	40.50	40.91	41.23	41.74	42.15	42.57

Prix de l'hectolitre ½.

Poids de l'hectolitre	Poids de l'hectolitre ½	Valeur de l'hectolitre du poids de 80 kil. pris pour base						
		26. .	26.25	26.50	26.75	27. „	27.25	27.50
		Valeur de l'hectolitre ½ pesant depuis 97.50 jusqu'à 126 k						
65	97.50	25.74	25.98	26.23	26.48	26.73	26.97	27.22
66	99. „	26.53	26.79	27.04	27.30	27.55	27.81	28.06
67	100.50	27.32	27.58	27.85	28.11	28.37	28.63	28.90
68	102. „	28.17	28.44	28.71	28.98	29.26	29.53	29.80
69	103.50	29. „	29.28	29.56	29.84	30.12	30.39	30.67
70	105. „	29.84	30.13	30.42	30.70	30.99	31.28	31.57
71	106.50	30.62	30.91	31.20	31.50	31.79	32.08	32.38
72	108. „	31.58	31.89	32.19	32.49	32.86	33.10	33.40
73	109.50	32.45	32.76	33.07	33.39	33.70	34.01	34.32
74	111. „	33.34	33.66	33.98	34.30	34.62	34.94	35.26
75	112.50	34.26	34.59	34.92	35.25	35.58	35.91	36.24
76	114. „	35.19	35.53	35.87	36.20	36.54	36.88	37.22
77	115.50	36.11	36.46	36.81	37.15	37.50	37.85	38.20
78	117. „	37.06	37.42	37.77	38.13	38.49	38.84	39.20
79	118.50	38.02	38.38	38.75	39.12	39.48	39.85	40.25
80	120. „	39. „	39.37	39.75	40.12	40.50	40.87	41.25
81	121.50	39.97	40.35	40.72	41.11	41.49	41.88	42.26
82	123. „	40.02	41.41	41.81	42.20	42.60	42.99	43.38
83	124.50	41.91	42.32	42.72	43.12	43.53	43.93	44.33
84	126. „	42.98	43.39	43.81	44.22	44.63	45.05	45.46

Prix de l'hectolitre ½.

Poids de l'hectolitre	Poids de l'hectolitre ½	Valeur de l'hectolitre du poids de 80 Kil. pris pour base						
		27.75	28. „	28.25	28.50	28.75	29. „	29.25
		Valeur de l'hectolitre ½ pesant depuis 97.50 jusqu'à 126^k.						
65	97.50	27.47	27.72	27.96	28.21	28.46	28.71	28.95
66	99. „	28.32	28.57	28.83	29.08	29.34	29.59	29.85
67	100.50	29.16	29.42	29.68	29.95	30.21	30.47	30.74
68	102. „	30.07	30.34	30.61	30.88	31.15	31.42	31.69
69	103.50	30.95	31.23	31.51	31.79	32.07	32.35	32.63
70	105. „	31.85	32.14	32.43	32.71	33. „	33.29	33.57
71	106.50	32.67	32.97	33.26	33.55	33.85	34.14	34.43
72	108. „	33.71	34.01	34.32	34.62	34.92	35.23	35.53
73	109.50	34.64	34.96	35.27	35.58	35.89	36.21	36.52
74	111. „	35.58	35.90	36.23	36.55	36.87	37.19	37.51
75	112.50	36.57	36.90	37.23	37.56	37.88	38.21	38.54
76	114. „	37.56	37.90	38.24	38.58	38.91	39.25	39.59
77	115.50	38.54	38.89	39.24	39.59	39.93	40.28	40.63
78	117. „	39.56	39.91	40.27	40.62	40.98	41.34	41.69
79	118.50	40.58	40.94	41.31	41.67	42.04	42.41	42.77
80	120. „	41.62	42. „	42.37	42.75	43.12	43.50	43.87
81	121.50	42.65	43.03	43.41	43.80	44.18	44.57	44.95
82	123. „	43.78	44.17	44.57	45.96	45.35	45.75	46.14
83	124.50	44.73	45.14	45.54	45.94	46.35	46.75	47.15
84	126. „	45.87	46.29	46.70	47.11	47.53	47.94	48.35

Prix de l'hectolitre ½.

Poids de l'hectolitre	Poids de l'hectolitre ½	Valeur de l'hectolitre du poids de 80 kil. pris pour base						
		29.50	29.75	30. „	30.25	30.50	30.75	31. „
		Valeur de l'hectolitre ½ pesant depuis 97.50 jusqu'à 126 kil.						
65	97.50	29.20	29.45	29.70	29.94	30.19	30.44	30.69
66	99. „	30.10	30.36	30.62	30.87	31.13	31.38	31.64
67	100.50	31. „	31.26	31.52	31.79	32.05	32.31	32.58
68	102. „	31.96	32.23	32.51	32.78	33.05	33.32	33.59
69	103.50	32.91	33.18	33.46	33.74	34.02	34.30	34.58
70	105. „	33.86	34.15	34.44	34.72	35.01	35.30	35.58
71	106.50	34.73	35.02	35.32	35.61	35.90	36.20	36.49
72	108. „	35.83	36.14	36.44	36.75	37.05	37.35	37.66
73	109.50	36.83	37.14	37.46	37.77	38.08	38.39	38.70
74	111. „	37.83	38.15	38.47	38.79	39.11	39.43	39.75
75	112.50	38.87	39.20	39.53	39.86	40.19	40.52	40.85
76	114. „	39.93	40.27	40.61	40.94	41.28	41.62	41.96
77	115.50	40.98	41.32	41.67	42.02	42.37	42.71	43.06
78	117. „	42.04	42.40	42.76	43.12	43.48	43.83	44.19
79	118.50	43.14	43.50	43.87	44.23	44.60	44.97	45.33
80	120. „	44.25	44.62	45. „	45.37	45.75	46.12	46.50
81	121.50	45.34	45.72	46.10	46.49	46.87	47.26	47.64
82	123. „	46.54	46.93	47.32	47.72	48.11	48.51	48.90
83	124.50	47.56	47.96	48.36	48.76	49.17	49.57	49.97
84	126. „	48.77	49.18	49.59	50.01	50.42	50.83	51.25

Prix de l'hectolitre 1/2.

Poids de l'hectolitre 1/2	Poids de l'hectolitre	Valeur de l'hectolitre du poids de 80 Kil pris pour base.						
		31.25	31.50	31.75	32.	32.25	32.50	32.75
		Valeur de l'hectolitre 1/2 pesant depuis 97.50 jusqu'à 126 K.						
65	97.50	30.93	31.18	31.43	31.68	31.92	32.17	32.42
66	99. „	31.89	32.15	32.40	32.66	32.91	33.17	33.42
67	100.50	32.84	33.10	33.36	33.63	33.89	34.15	34.41
68	102. „	33.86	34.13	34.40	34.67	34.94	35.21	35.49
69	103.50	34.86	35.14	35.42	35.70	35.97	36.25	36.53
70	105. „	35.87	36.16	36.45	36.73	37.02	37.31	37.59
71	106.50	36.78	37.08	37.37	37.67	37.96	38.25	38.55
72	108. „	37.96	38.26	38.47	38.77	39.08	39.38	39.68
73	109.50	39.02	39.33	39.64	39.95	40.27	40.58	40.89
74	111. „	40.07	40.39	40.71	41.03	41.36	41.68	42. „
75	112.50	41.18	41.51	41.84	42.17	42.50	42.83	43.16
76	114. „	42.30	42.64	42.98	43.31	43.65	43.99	44.33
77	115.50	43.41	43.76	44.10	44.45	44.80	45.15	45.49
78	117. „	44.55	44.90	45.26	45.62	45.97	46.33	46.69
79	118.50	45.70	46.06	46.43	46.79	47.16	47.52	47.89
80	120. „	46.87	47.25	47.62	48. „	48.37	48.75	49.12
81	121.50	48.03	48.41	48.79	49.18	49.56	49.95	50.33
82	123. „	49.22	49.63	50.02	50.42	50.81	51.20	51.60
83	124.50	50.38	50.78	51.18	51.59	51.99	52.39	52.79
84	126. „	51.60	52.07	52.49	52.90	53.31	53.73	54.18

Prix de l'hectolitre ½.

Poids de l'hectolitre	Poids de l'hectolitre ½.	Valeur de l'hectolitre du poids de 80 Kil. pris pour base.						
		33. „	33.25	33.50	33.75	34. „	34.25	34.50
		Valeur de l'hectolitre ½ pesant depuis 97.50 jusqu'à 126ᵏ						
65	97.50	32.67	32.91	33.16	33.41	33.66	33.90	34.15
66	99. „	33.68	33.93	34.19	34.44	34.70	34.95	35.21
67	100.50	34.68	34.94	35.20	35.47	35.74	36. „	36.26
68	102. „	35.76	36.03	36.30	36.57	36.84	37.11	37.38
69	103.50	36.81	37.09	37.37	37.65	37.93	38.21	38.49
70	105. „	37.88	38.17	38.46	38.74	39.03	39.32	39.60
71	106.50	38.84	39.13	39.43	39.72	40.02	40.31	40.60
72	108. „	39.99	40.29	40.59	40.90	41.20	41.51	41.81
73	109.50	41.20	41.51	41.83	42.14	42.45	42.76	43.08
74	111. „	42.32	42.64	42.96	43.28	43.60	43.92	44.24
75	112.50	43.49	43.82	44.15	44.48	44.81	45.13	45.46
76	114. „	44.67	45.01	45.35	45.68	46.02	46.36	46.70
77	115.50	45.84	46.19	46.54	46.88	47.23	47.58	47.93
78	117. „	47.04	47.40	47.75	48.11	48.47	48.82	49.18
79	118.50	48.26	48.62	48.99	49.35	49.72	50.08	50.45
80	120. „	49.50	49.87	50.25	50.62	51. „	51.37	51.75
81	121.50	50.72	51.10	51.48	51.87	52.25	52.63	53.01
82	123. „	51.99	52.39	52.78	53.17	53.57	53.96	54.36
83	124.50	53.20	53.60	54. „	54.41	54.81	55.21	55.61
84	126. „	54.59	55.01	55.42	55.83	56.25	56.66	57.03.

Prix de l'hectolitre ½.

Poids de l'hectolitre	Poids de l'hectolitre ½	Valeur de l'hectolitre au poids de 80 Kil. pris pour base						
		34.75	35. „	35.25	35.50	35.75	36. „	36.25
		Valeur de l'hectolitre ½ pesant depuis 97.50 jusqu'à 126 K.						
65	97.50	34.40	34.65	34.89	35.14	35.39	35.64	35.88
66	99. „	35.46	35.72	35.97	36.23	36.49	36.74	37. „
67	100.50	36.52	36.79	37.05	37.31	37.58	37.84	38.10
68	102. „	37.65	37.92	38.19	38.47	38.74	39.01	39.28
69	103.50	38.76	39.04	39.32	39.60	39.88	40.16	40.44
70	105. „	39.89	40.18	40.47	40.75	41.04	41.33	41.61
71	106.50	40.90	41.19	41.42	41.78	42.07	42.37	42.66
72	108. „	42.11	42.42	42.72	43.02	43.33	43.63	43.93
73	109.50	43.39	43.70	44.01	44.32	44.64	44.95	45.26
74	111. „	44.56	44.88	45.20	45.52	45.84	46.16	46.48
75	112.50	45.79	46.12	46.45	46.78	47.11	47.44	47.77
76	114. „	47.04	47.38	47.71	48.05	48.39	48.73	49.07
77	115.50	48.27	48.62	48.97	49.32	49.66	50.01	50.36
78	117. „	49.54	49.89	50.25	50.61	50.96	51.32	51.68
79	118.50	50.81	51.18	51.55	51.91	52.28	52.64	53.01
80	120. „	52.12	52.50	52.87	53.25	53.62	54. „	54.37
81	121.50	53.40	53.78	54.17	54.55	54.93	55.32	55.70
82	123. „	54.75	55.14	55.54	55.93	56.33	56.72	57.11
83	124.50	56.02	56.42	56.82	57.22	57.63	58.03	58.43
84	126. „	57.45	57.55	58.27	58.69	59.10	59.51	59.93

Prix de l'hectolitre ½.

Poids de l'hectolitre	Poids de l'hectolitre ½.	Valeur de l'hectolitre du poids de 80 Kil. pris pour base						
		Valeur de l'hectolitre ½ pesant depuis 97.50 jusqu'à 126 kil						
		36.50	36.75	37. „	37.25	37.50	37.75	38. „
65	97.50	36.13	36.38	36.63	36.87	37.12	37.37	37.62
66	99. „	37.25	37.51	37.76	38.02	38.27	38.53	38.78
67	100.50	38.36	38.63	38.89	39.15	39.42	39.68	39.94
68	102. „	39.55	39.82	40.09	40.36	40.63	40.90	41.17
69	103.50	40.72	41. „	41.28	41.55	41.63	42.11	42.39
70	105. „	41.90	42.19	42.48	42.78	42.83	43.34	43.62
71	106.50	42.95	43.25	43.54	43.83	44.13	44.42	44.72
72	108. „	44.24	44.54	44.85	45.15	45.47	45.86	46.16
73	109.50	45.57	45.89	46.20	46.51	46.82	47.13	47.45
74	111. „	46.80	47.12	47.44	47.76	48.08	48.40	48.73
75	112.50	48.10	48.43	48.76	49.09	49.42	49.75	50.08
76	114. „	49.41	49.75	50.08	50.42	50.76	51.16	51.34
77	115.50	50.71	51.05	51.40	51.75	52.09	52.44	52.79
78	117. „	52.03	52.39	52.75	53.10	53.46	53.82	54.17
79	118.50	53.37	53.74	54.11	54.47	54.43	55.20	55.57
80	120. „	54.75	55.12	55.50	55.87	56.24	56.62	57. „
81	121.50	56.09	56.47	56.86	57.24	57.62	58.01	58.39
82	123. „	57.51	57.90	58.30	58.69	59.08	59.48	59.87
83	124.50	58.84	59.24	59.64	60.05	60.45	60.85	61.25
84	126. „	60.34	60.75	61.17	61.58	61.79	62.41	62.82

Prix de l'hectolitre ½.

Poids de l'hectolitre	Poids de l'hectolitre ½	Valeur de l'hectolitre du poids de 80 kil. pris pour base						
		38.25	38.50	38.75	39. .	39.25	39.50	39.75
		Valeur de l'hectolitre ½ pesant depuis 97.50 jusqu'à 126ᵏ						
65	97.50	37.86	38.11	38.36	38.61	38.85	39.10	39.35
66	99. .	39.04	39.29	39.55	39.80	40.06	40.31	40.57
67	100.50	40.20	40.47	40.73	40.99	41.26	41.52	41.78
68	102. .	41.45	41.72	41.99	42.26	42.54	42.81	43.08
69	103.50	42.67	42.95	43.23	43.51	43.79	44.07	44.34
70	105. .	43.91	44.20	44.48	44.77	45.06	45.35	45.63
71	106.50	45.01	45.30	45.60	45.89	46.18	46.48	46.77
72	108. .	46.46	46.77	47.07	47.37	47.68	47.78	48.29
73	109.50	47.76	48.07	48.38	48.70	49.01	49.32	49.63
74	111. .	49.05	49.37	49.69	50.01	50.33	50.65	50.97
75	112.50	50.41	50.74	51.07	51.40	51.73	52.06	52.39
76	114. .	51.78	52.11	52.45	52.79	53.13	53.47	53.81
77	115.50	53.14	53.48	53.83	54.18	54.53	54.87	55.22
78	117. .	54.53	54.89	55.24	55.60	55.95	56.31	56.67
79	118.50	55.94	56.31	56.66	57.03	57.40	57.76	58.13
80	120. .	57.37	57.75	58.12	58.50	58.87	59.25	59.62
81	121.5.	58.78	59.16	59.55	59.93	60.31	60.70	61.08
82	123. .	60.27	60.66	61.05	61.45	61.84	62.24	62.63
83	124.50	61.66	62.06	62.46	62.86	63.26	63.67	64.07
84	126. .	63.23	63.64	64.06	64.67	64.88	65.30	65.71

Prix de l'hectolitre ½.

Poids de l'hectolitre	Poids de l'hectolitre ½	Valeur de l'hectolitre du poids de 80 Kil. pris pour base.						
		40. „						
		Valeur de l'hectolitre ½ pesant depuis 97.50 jusqu'à 126ᵏ						
65	97.50	39.00						
66	99. „	40.33						
67	100.50	42.04						
68	102. „	43.35						
69	103.50	44.62						
70	105. „	45.93						
71	106.50	47.07						
72	108. „	48.00						
73	109.50	49.95						
74	111. „	51.30						
75	112.50	52.72						
76	114. „	54.15						
77	115.50	55.57						
78	117. „	57.03						
79	118.50	58.53						
80	120. „	60. „						
81	121.50	61.50						
82	123 „	63.03						
83	124.50	64.50						
84	126. „	66.15						

Tableau 5.

Blés défectueux

de
l'hectolitre ½.

(Voir les instructions du Tableau des
blés défectueux de l'hectolitre.)

Blés défectueux de l'hectolitre ½

Poids de l'hectolitre	Poids de l'hectolitre ½	Valeur de l'hectolitre du poids de 80 Kil. pris pour base.						
		12. „	12.25	12.50	12.75	13. „	13.25	13.50
		Valeur des 120 K.es des poids de l'hectol. ½ depuis 65 jusqu'à 84						
65	97.50	14.62	14.92	15.23	15.53	15.84	16.14	16.45
66	99. „	14.85	15.15	15.46	15.77	16.08	16.39	16.70
67	100.50	15.07	15.38	15.70	16.01	16.33	16.64	16.95
68	102. „	15.30	15.61	15.93	16.25	16.57	16.89	17.21
69	103.50	15.52	15.84	16.17	16.49	16.81	17.14	17.46
70	105. „	15.75	16.07	16.40	16.73	17.06	17.39	17.71
71	106.50	15.97	16.30	16.64	16.97	17.30	17.64	17.97
72	108. „	16.20	16.53	16.87	17.21	17.55	17.88	18.22
73	109.50	16.42	16.76	17 10	17.45	17.79	18.13	18.47
74	111. „	16.65	16.99	17.34	17.69	18.03	18.38	18.73
75	112.50	16.87	17.22	17.57	17.92	18.28	18.63	18.98
76	114. „	17.10	17.45	17.81	18.16	18.52	18.88	19.23
77	115.50	17.32	17.68	18.04	18.40	18.76	19.12	19.49
78	117. „	17.55	17.91	18.28	18.64	19.01	19.37	19.74
79	118.50	17.77	18.14	18.51	18.88	19.25	19.62	19.99
80	120. „	18. „	18.37	18.75	19.12	19.50	19.87	20.25
81	121.50	18.22	18.60	18.98	19.36	19.74	20.12	20.50
82	123. „	18.45	18.83	19.21	19.60	19.98	20.37	20.75
83	124.50	18.67	19.06	19.45	19.84	20.23	20.62	21.01
84	126. „	18.90	19.29	19.68	20 08	20.47	20.86	21.26

Blés défectueux de l'hectolitre ½.

Poids de l'hectolitre	Poids ½ de l'hectolitre	Valeur de l'hectolitre du poids de 80 Kil. pris pour base.						
		13.75	14. „	14.25	14.50	14.75	15. „	15.25
		Valeur des 120 Kᵒˢ des poids de l'hectol. ½ depuis 97.50 jusqu'à 126.						
65	97.50	16.75	17.06	17.36	17.67	17.97	18.28	18.58
66	99. „	17.01	17.32	17.63	17.94	18.25	18.56	18.87
67	100.50	17.27	17.58	17.90	18.21	18.52	18.84	19.15
68	102. „	17.33	17.84	18.16	18.48	18.80	19.12	19.44
69	103.50	17.78	18.11	18.43	18.75	19.08	19.40	19.72
70	105. „	18.04	18.37	18.70	19.03	19.35	19.68	20.01
71	106.50	18.30	18.63	18.97	19.30	19.63	19.97	20.30
72	108. „	18.56	18.90	19.23	19.57	19.91	20.25	20.58
73	109.50	18.81	19.16	19.50	19.84	20.18	20.53	20.87
74	111. „	19.07	19.42	19.77	20.11	20.46	20.81	21.15
75	112.50	19.33	19.68	20.03	20.39	20.74	21.09	21.44
76	114. „	19.59	19.94	20.39	20.66	21.01	21.37	21.73
77	115.50	19.85	20.21	20.57	20.93	21.29	21.65	22.01
78	117. „	20.10	20.47	20.84	21.20	21.57	21.93	22.30
79	118.50	20.36	20.73	21.10	21.47	21.84	22.21	22.58
80	120. „	20.62	21. „	21.37	21.75	22.12	22.50	22.87
81	121.50	20.88	21.26	21.64	22.02	22.40	22.78	23.16
82	123. „	21.14	21.52	21.90	22.29	22.67	23.06	23.44
83	124.50	21.39	21.78	22.17	22.56	22.95	23.34	23.73
84	126. „	21.65	22.04	22.44	22.83	23.23	23.62	24.01

Blés défectueux de l'hectolitre ½.

Poids de l'hectolitre	Poids de l'hectolitre ½	Valeur de l'hectolitre du poids de 80 Kil. pris pour base.						
		15.50	15.75	16. „	16.25	16.50	16.75	17. „
		Valeur des 120 Kᵒˢ des poids de l'hectol. ½ depuis 97.50 jusqu'à 126.						
65	97.50	18.89	19.19	19.50	19.80	20.10	20.41	20.71
66	99. „	19.18	19.48	19.79	20.10	20.41	20.72	21.03
67	100.50	19.47	19.78	20.09	20.41	20.72	21.04	21.35
68	102. „	19.76	20.08	20.39	20.71	21.03	21.35	21.67
69	103.50	20.05	20.37	20.69	21.02	21.34	21.66	21.99
70	105. „	20.34	20.67	20.99	21.32	21.65	21.98	22.31
71	106.50	20.63	20.97	21.30	21.63	21.96	22.30	22.63
72	108. „	20.92	21.26	21.60	21.93	22.27	22.61	22.95
73	109.50	21.21	21.55	21.89	22.24	22.58	22.92	23.26
74	111. „	21.50	21.85	22.10	22.54	22.89	23.23	23.58
75	112.50	21.79	22.14	22.49	22.85	23.20	23.55	23.90
76	114. „	22.08	22.44	22.79	23.15	23.51	23.86	24.22
77	115.50	22.37	22.73	23.09	23.46	23.82	24.18	24.54
78	117. „	22.66	23.03	23.39	23.76	24.13	24.49	24.86
79	118.50	22.95	23.32	23.69	24.07	24.44	24.81	25.18
80	120. „	23.25	23.62	24. „	24.37	24.75	25.12	25.50
81	121.50	23.54	23.92	24.30	24.67	25.05	25.43	25.81
82	123. „	23.83	24.21	24.59	24.98	25.36	25.75	26.13
83	124.50	24.12	24.51	24.90	25.28	25.67	26.06	26.45
84	126. „	24.41	24.80	25.19	25.59	25.98	26.38	26.77

Blés défectueux de l'hectolitre ½.

Poids de l'hectolitre	Poids de l'hectolitre ½	Valeur de l'hectolitre du poids de 80 Kil. pris pour base.						
		17.25	17.50	17.75	18. „	18.25	18.50	18.75
		Valeur des 120 K.d du poids de l'hectol. ½ depuis 97.50 jusqu'à 126.						
65	97.50	21.02	21.32	21.63	21.93	22.24	22.54	22.85
66	99. „	21.34	21.65	21.96	22.27	22.58	22.89	23.20
67	100.50	21.66	21.98	22.29	22.61	22.92	23.23	23.55
68	102. „	21.99	22.31	22.63	22.94	23.26	23.58	23.90
69	103.50	22.31	22.63	22.96	23.28	23.61	23.93	24.25
70	105. „	22.64	22.96	23.29	23.62	23.95	24.28	24.60
71	106.50	22.96	23.30	23.63	23.96	24.30	24.63	24.96
72	108. „	23.28	23.62	23.96	24.30	24.63	24.97	25.31
73	109.50	23.60	23.95	24.29	24.63	24.97	25.31	25.66
74	111. „	23.93	24.27	24.62	24.97	25.32	25.66	26.01
75	112.50	24.25	24.60	24.95	25.31	25.66	26.01	26.36
76	114. „	24.58	24.93	25.29	25.64	26. „	26.36	26.71
77	115.50	24.90	25.26	25.62	25.98	26.34	26.70	27.06
78	117. „	25.22	25.59	25.95	26.32	26.69	27.05	27.42
79	118.50	25.55	25.92	26.30	26.67	27.04	27.41	27.78
80	120. „	25.87	26.25	26.62	27. „	27.37	27.75	28.12
81	121.50	26.19	26.57	26.95	27.33	27.71	28.09	28.47
82	123. „	26.52	26.90	27.28	27.67	28.05	28.44	28.82
83	124.50	26.84	27.23	27.62	28.01	28.40	28.79	29.17
84	126. „	27.16	27.56	27.95	28.34	28.74	29.13	29.42

Blés défectueux de l'hectolitre ½.

Poids de l'hectolitre	Poids de l'hectolitre ½	Valeur de l'hectolitre du poids de 80 K⁵ pris pour base.						
		19. „	19.25	19.50	19.75	20. „	20.25	20.50
		Valeur des 120 K⁵ des poids de l'hectol. ½ depuis 97.50 jusqu'à 126						
65	97.50	23.15	23.46	23.76	24.07	24.37	24.68	24.98
66	99. „	23.51	23.81	24.12	24.43	24.74	25.05	25.36
67	100.50	23.86	24.18	24.49	24.80	25.12	25.43	25.75
68	102. „	24.22	24.54	24.86	25.17	25.59	25.81	26.13
69	103.50	24.58	24.90	25.22	25.55	25.87	26.19	26.52
70	105. „	24.93	25.26	25.59	25.92	26.24	26.57	26.90
71	106.50	25.29	25.63	25.96	26.29	26.63	26.96	27.29
72	108. „	25.65	25.98	26.32	26.66	27. „	27.33	27.67
73	109.50	26. „	26.34	26.68	27.03	27.37	27.71	28.05
74	111. „	26.36	26.70	27.05	27.40	27.74	28.09	28.44
75	112.50	26.71	27.06	27.42	27.77	28.12	28.47	28.82
76	114. „	27.07	27.42	27.78	28.14	28.49	28.85	29.21
77	115.50	27.43	27.79	28.15	28.51	28.87	29.23	29.59
78	117. „	27.78	28.15	28.51	28.88	29.24	29.61	29.98
79	118.50	28.15	28.52	28.89	29.26	29.63	30. „	30.37
80	120. „	28.50	28.87	29.25	29.62	30. „	30.37	30.75
81	121.50	28.85	29.23	29.61	29.99	30.37	30.75	31.13
82	123. „	29.21	29.59	29.97	30.36	30.74	31.13	31.51
83	124.50	29.56	29.95	30.34	30.73	31.12	31.51	31.90
84	126. „	29.92	30.31	30.71	31.10	31.49	31.89	32.28

Blés défecieux de l'hectolitre ½.

Poids de l'hectolitre	Poids de l'hectolitre ½.	Valeur de l'hectolitre du poids de 80 Kil. pris pour base						
		20.75	21. „	21.25	21.50	21.75	22. „	22.25
		Valeur des 120 K.s des poids de l'hectol. ½ depuis 97.50 jusqu'à 126.						
65	97.50	25.28	25.59	25.89	26.20	26.50	26.81	27.11
66	99. „	25.67	25.98	26.29	26.60	26.91	27.22	27.53
67	100.50	26.06	26.37	26.69	27. „	27.32	27.63	27.94
68	102. „	26.45	26.77	27.09	27.41	27.72	28.04	28.36
69	103.50	26.84	27.16	27.49	27.81	28.13	28.46	28.78
70	105. „	27.23	27.56	27.88	28.21	28.54	28.87	29.20
71	106.50	27.63	27.96	28.29	28.62	28.96	29.29	29.62
72	108. „	28.01	28.35	28.68	29.02	29.36	29.70	30.03
73	109.50	28.39	28.74	29.08	29.42	29.76	30.10	30.45
74	111. „	28.78	29.13	29.48	29.82	30.17	30.52	30.86
75	112.50	29.17	29.52	29.88	30.23	30.58	30.93	31.28
76	114. „	29.56	29.92	30.27	30.63	30.99	31.34	31.70
77	115.50	29.95	30.31	30.67	31.03	31.40	31.76	32.12
78	117. „	30.34	30.71	31.07	31.44	31.80	32.17	32.53
79	118.50	30.74	31.11	31.48	31.85	32.22	32.59	32.96
80	120. „	31.12	31.50	31.87	32.25	32.62	33. „	33.37
81	121.50	31.51	31.89	32.27	32.65	33.03	33.41	33.79
82	123. „	31.90	32.28	32.66	33.05	33.43	33.82	34.20
83	124.50	32.29	32.68	33.06	33.45	33.84	34.23	34.62
84	126. „	32.67	33.07	33.46	33.86	34.25	34.64	35.04

Blés défectueux de l'hectolitre ½

Poids de l'hectolitre	Poids de l'hectolitre ½	Valeur de l'hectolitre du poids de 80 K.⁵ pris pour base.						
		22.50	22.75	23. „	23.25	23.50	23.75	24. ,
		Valeur des 120 K.⁵ des poids de l'hectol. ½ depuis 97.50 jusqu'à 126.						
65	97.50	27.42	27.72	28.03	28.33	28.64	28.94	29.25
66	99. „	27.84	28.14	28.45	28.76	29.07	29.38	29.69
67	100.50	28.26	28.57	28.83	29.20	29.51	29.83	30.14
68	102. „	28.68	29. .	29.32	29.64	29.96	30.07	30.59
69	103.50	29.10	29.43	29.75	30.07	30.40	30.72	30.04
70	105. „	29.53	29.85	30.18	30.51	30.84	31.17	31.49
71	106.50	29.96	30.29	30.62	30.96	31.29	31.62	31.95
72	108. „	30.37	31.71	31.05	31.38	31.72	32.06	32.40
73	109.50	30.79	31.13	31.47	31.81	32.16	32.50	32.84
74	111. „	31.21	31.56	31.90	32.25	32.60	32.94	33.29
75	112.50	31.63	31.98	32.34	32.69	33.04	33.39	33.74
76	114. „	32.06	32.41	32.77	33.13	33.48	33.84	34.19
77	115.50	32.48	32.84	33.20	33.56	33.92	34.28	34.64
78	117. „	32.90	37.27	33.63	34. .	34.36	34.73	35.09
79	118.50	33.33	33.70	34.06	34.43	34.80	35.17	35.54
80	120. „	33.75	34.12	34.50	34.87	35.25	35.62	36. „
81	121.50	34.17	34.55	34.93	35.31	35.69	36.07	36.45
82	123. „	34.59	34.97	35.35	35.74	36.12	36.51	36.89
83	124.50	35.01	35.40	35.79	36.18	36.57	36.95	37.34
84	126. „	35.43	35.82	36.22	36.61	37. „	37.40	37.79

Blés défectueux de l'hectolitre ½.

Poids de l'hectolitre	Poids de l'hectolitre ½.	Valeur de l'hectolitre du poids de 80 Kil. pris pour base.						
		24.25	24.50	24.75	25. „	25.25	25.50	25.75
		Valeur des 120 K.es des poids de l'hectol. ½ depuis 97.50 jusqu'à 126.						
65	97.50	29.55	29.86	30.16	30.46	30.77	31.07	31.38
66	99. „	30. „	30.31	30.62	30.93	31.24	31.55	31.86
67	100.50	30.46	30.77	31.08	31.40	31.71	32.03	32.34
68	102. „	30.91	31.23	31.53	31.87	32.19	32.50	32.82
69	103.50	31.37	31.69	32.01	32.34	32.66	32.98	33.31
70	105. „	31.82	32.15	32.48	32.81	33.13	33.46	33.79
71	106.50	32.29	32.62	32.95	33.29	33.62	33.95	34.29
72	108. „	32.73	33.07	33.41	33.75	34.08	34.42	34.76
73	109.50	33.18	33.53	33.87	34.21	34.55	34.89	35.24
74	111. „	33.64	33.99	34.33	34.68	35.03	35.37	35.72
75	112.50	34.09	34.45	34.80	35.15	35.50	35.85	36.20
76	114. „	34.55	34.91	35.26	35.62	35.97	36.33	36.69
77	115.50	35. „	35.37	35.72	36.08	36.44	36.80	37.17
78	117. „	35.46	35.83	36.19	36.56	36.92	37.29	37.65
79	118.50	35.91	36.29	36.66	37.03	37.40	37.77	38.14
80	120. „	36.37	36.75	37.12	37.50	37.87	38.25	38.62
81	121.50	36.83	37.20	37.58	37.96	38.34	38.72	39.10
82	123. „	37.28	37.66	38.04	38.42	38.80	39.19	39.57
83	124.50	37.73	38.12	38.51	38.90	39.29	39.68	40.07
84	126. „	38.19	38.58	38.97	39.37	39.76	40.15	40.55

Blés défectueux de l'hectolitre ½

Poids de l'hectolitre	Poids de l'hectolitre ½	Valeur de l'hectolitre du poids de 80 kil. pris pour base.						
		26. „	26.25	26.50	26.75	27. „	27.25	27.50
		Valeur des 120 K.º des poids de l'hectol. ½ depuis 27.50 jusqu'à 126.						
65	97.50	31.68	31.99	32.29	32.60	32.90	33.21	33.51
66	99. „	32.17	32.48	32.78	33.09	33.40	33.71	34.02
67	100.50	32.65	32.96	33.28	33.59	33.90	34.22	34.53
68	102. „	33.14	33.46	33.78	34.10	34.42	34.74	35.05
69	103.50	33.63	33.95	34.28	34.60	34.92	35.25	35.57
70	105. „	34.12	34.45	34.77	35.10	35.43	35.76	36.09
71	106.50	34.62	34.95	35.28	35.62	35.95	36.22	36.62
72	108. „	35.40	35.43	35.77	36.11	36.45	36.78	37.12
73	109.50	35.58	35.92	36.26	36.60	36.95	37.29	37.63
74	111. „	36.07	36.41	36.76	37.11	37.45	37.80	38.15
75	112.50	36.55	36.91	37.26	37.61	37.96	38.31	38.66
76	114. „	37.04	37.40	37.76	38.11	38.47	38.82	39.18
77	115.50	37.53	37.89	38.25	38.61	38.97	39.33	39.69
78	117. „	38.02	38.38	38.75	39.12	39.48	39.85	40.21
79	118.50	38.51	38.88	39.25	39.62	39.99	40.36	40.73
80	120. „	39. „	39.37	39.75	40.12	40.50	40.87	41.25
81	121.50	39.48	39.86	40.24	40.62	41. „	41.38	41.76
82	123. „	39.96	40.34	40.72	41.11	41.49	41.88	42.26
83	124.50	40.45	40.84	41.23	41.62	42.01	42.40	42.78
84	126. „	40.94	41.33	41.73	42.12	42.52	42.91	43.30

Blés défectueux de l'hectolitre ½.

Poids de l'hectolitre	Poids de l'hectolitre ½	Valeur de l'hectolitre du poids de 80 K^es pris pour base.						
		27.75	28. „	28.25	28.50	28.75	29. „	29.25
		Valeur des 120 K^os des poids de l'hectol. ½ depuis 97 50 jusqu'à 126						
65	97.50	33.82	34.12	34.43	34.73	35.03	35.34	35.64
66	99. „	34.33	34 64	34.95	35.26	35.57	35.88	36 19
67	100.50	34.85	35.16	35.27	35.79	36.10	36.42	36.73
68	102. „	35.37	35.69	36.01	36.33	36.65	36.97	37.29
69	103.50	35.39	36.22	36.54	36.86	37.19	37.51	37.83
70	105. „	36.42	36.74	37.07	37.40	37.73	38.06	38.38
71	106.50	36.95	37.28	37.62	37.95	38.28	38.61	38.94
72	108. „	37.46	37.80	38.13	38.47	38.81	39.15	39.48
73	109.50	37.97	38.31	38.66	39. „	39.34	39.68	40.02
74	111. „	38.49	38.84	39.19	39.53	39.88	40.23	40.57
75	112.50	39.01	39.37	39.72	40.07	40.42	40.77	41.12
76	114. „	39.54	39.89	40.25	40.61	40.96	41.32	41.67
77	115.50	40.03	40.41	40.77	41.14	41.50	41.86	42.22
78	117. „	40.58	40.94	41.31	41.67	42.04	42.41	42.77
79	118.50	41.10	41.47	41.84	42.21	42.58	42.95	43.32
80	120. „	41.62	42. „	42.37	42.75	43.12	43.50	43.87
81	121.50	42.14	42.52	42.90	43.28	43.66	44.04	44.42
82	123. „	42.65	43.03	43.41	43.80	44.18	44.57	44.95
83	124.50	43.17	43.56	43.95	44.33	44.72	45.11	45.50
84	126. „	43.70	44.09	44.48	44.88	45.27	45.67	46.07

Blés défectueux de l'hectolitre ½.

Poids de l'hectolitre	Poids de l'hectolitre ½.	Valeur de l'hectolitre du poids de 80 Kil. pris pour base.						
		29.50	29.75	30. „	30.25	30.50	30.75	31. „
		Valeur des 120 K.es des poids de l'hectol. ½ depuis 97.50 jusqu'à 126.						
65	97.50	35.95	36.25	36.56	36.86	37.17	37.47	37.78
66	99. „	36.50	36.81	37.11	37.42	37.73	38.04	38.35
67	100.50	37.04	37.36	37.67	37.99	38.30	38.61	38.93
68	102. „	37.60	37.92	38.24	38.56	38.88	39.20	39.52
69	103.50	38.16	38.48	38.80	39.13	39.45	39.78	40.10
70	105. „	38.71	39.04	39.37	39.70	40.02	40.35	40.68
71	106.50	39.28	39.61	39.95	40.28	40.61	40.95	41.28
72	108. „	39.82	40.16	40.50	40.83	41.17	41.51	41.85
73	109.50	40.37	40.71	41.05	41.39	41.74	42.08	42.42
74	111. „	40.92	41.27	41.61	41.96	42.31	42.66	43. „
75	112.50	41.48	41.83	42.18	42.53	42.88	43.23	43.58
76	114. „	42.03	42.39	42.74	43.10	43.45	43.81	44.17
77	115.50	42.58	42.94	43.30	43.66	44.02	44.38	44.74
78	117. „	43.14	43.50	43.87	44.23	44.60	44.97	45.33
79	118.50	43.69	44.16	44.43	44.80	45.17	45.54	45.91
80	120. „	44.25	44.62	45. „	45.37	45.75	46.12	46.50
81	121.50	44.80	45.18	45.56	45.94	46.32	46.70	47.08
82	123. „	45.34	45.72	46.10	46.49	46.87	47.27	47.65
83	124.50	45.89	46.28	46.67	47.06	47.45	47.84	48.22
84	126. „	46.46	46.86	47.25	47.60	48.04	48.43	48.82

Blés défectueux de l'hectolitre ½

Poids de l'hectolitre	Poids de l'hectolitre ½	Valeur de l'hectolitre du poids de 80 Kil. pris pour base.						
		31.25	31.50	31.75	32."	32.25	32.50	32.75
		Valeur des 120 K.^os du poids de l'hectol. ½ depuis 97.50 jusqu'à 126						
65	97.50	38.08	38.39	38.69	39. "	39.30	39.61	39.91
66	99. "	38.66	38.97	39.28	39.59	39.90	40.21	40.52
67	100.50	39.24	39.56	39.87	40.18	40.50	40.81	41.13
68	102. "	39.83	40.15	40.47	40.79	41.11	41.43	41.75
69	103.50	40.42	40.75	41.07	41.39	41.72	42.04	42.36
70	105. "	41.01	41.34	41.66	41.99	42.32	42.65	42.98
71	106.50	41.61	41.94	42.28	42.61	42.94	43.28	43.61
72	108. "	42.18	42.52	42.86	43.20	43.53	43.87	44.21
73	109.50	42.76	43.10	43.45	43.79	44.13	44.47	44.81
74	111. "	43.35	43.70	44.04	44.39	44.74	45.08	45.43
75	112.50	43.94	44.29	44.64	44.99	45.34	45.69	46.04
76	114. "	44.52	44.88	45.24	45.59	45.95	46.30	46.66
77	115.50	45.11	45.47	45.83	46.19	46.55	46.91	47.27
78	117. "	45.70	46.06	46.43	46.79	47.16	47.52	47.89
79	118.50	46.28	46.65	47.02	47.39	47.76	48.13	48.50
80	120. "	46.87	47.25	47.62	48. "	48.37	48.75	49.12
81	121.50	47.46	47.84	48.22	48.60	48.98	49.36	49.73
82	123. "	48.04	48.42	48.80	49.19	49.57	49.96	50.34
83	124.50	48.61	49. "	49.39	49.78	50.17	50.56	50.95
84	126. "	49.22	49.61	50.01	50.40	50.79	51.19	51.58

Blés défectueux de l'hectolitre ½.

Poids de l'hectolitre	Poids de l'hectolitre ½.	Valeur de l'hectolitre du poids de 80 Kil. pris pour base.						
		Valeur des 120 K^ des poids de l'hectol. ½ depuis 97.50 jusqu'à 126.						
		33. „	33.25	33.50	33.75	34. „	34.25	34.50
65	97.50	40.21	40.52	40.82	41.13	41.43	41.74	42.04
66	99. „	40.83	41.14	41.45	41.75	42.06	42.37	42.68
67	100.50	41.44	41.75	42.07	42.38	42.70	43.01	43.32
68	102. „	42.07	42.38	42.70	43.02	43.34	43.66	43.98
69	103.50	42.69	43.01	43.33	43.66	43.98	44.30	44.63
70	105. „	43.31	43.63	43.96	44.29	44.62	44.95	45.27
71	106.50	43.94	44.28	44.61	44.94	45.27	45.61	45.94
72	108. „	44.55	44.88	45.22	45.56	45.90	46.23	46.57
73	109.50	45.16	45.50	45.84	46.18	46.52	46.87	47.21
74	111. „	45.78	46.12	46.47	46.82	47.16	47.51	47.86
75	112.50	46.40	46.75	47.10	47.45	47.80	48.15	48.51
76	114. „	47.02	47.37	47.73	48.09	48.44	48.80	49.15
77	115.50	47.63	47.99	48.35	48.71	49.08	49.44	49.80
78	117. „	48.26	48.62	48.99	49.35	49.72	50.08	50.45
79	118.50	48.87	49.24	49.61	49.99	50.36	50.73	51.10
80	120. „	49.50	49.87	50.25	50.62	51. „	51.37	51.75
81	121.50	50.11	50.49	50.87	51.25	51.63	52.01	52.39
82	123. „	50.73	51.11	51.49	51.88	52.26	52.65	53.03
83	124.50	51.34	51.73	52.11	52.50	52.89	53.28	53.67
84	126. „	51.97	52.37	52.75	53.15	53.54	53.93	54.33

Blés défectueux de l'hectolitre ½

Poids de l'hectolitre	Poids de l'hectolitre ½	Valeur de l'hectolitre du poids de 80 K⁹ pris pour base.						
		34.75	35. „	35.25	35.50	35.75	36. „	36.25
		Valeur des 120 K⁹ des poids de l'hectol. ½ depuis 97.50 jusqu'à 126.						
65	97.50	42.35	42.65	42.96	43.26	43.57	43.87	44.17
66	99. „	42.99	43.30	43.61	43.92	44.23	44.54	44.85
67	100.50	43.64	43.95	44.27	44.58	44.89	45.21	45.52
68	102. „	44.30	44.62	44.93	45.25	45.57	45.89	46.20
69	103.50	44.95	45.27	45.60	45.92	46.24	46.57	46.89
70	105. „	45.60	45.93	46.26	46.59	46.91	47.24	47.57
71	106.50	46.27	46.61	46.94	47.27	47.61	47.94	48.27
72	108. „	46.91	47.25	47.58	47.92	48.26	48.60	48.93
73	109.50	47.55	47.89	48.24	48.68	48.92	49.26	49.60
74	111. „	48.20	48.55	48.90	49.24	49.59	49.94	50.28
75	112.50	48.86	49.21	49.56	49.91	50.26	50.61	50.97
76	114. „	49.51	49.87	50.22	50.58	50.94	51.29	51.65
77	115.50	50.16	50.52	50.88	51.24	51.60	51.96	52.32
78	117. „	50.81	51.18	51.55	51.91	52.28	52.64	53.01
79	118.50	51.47	51.84	52.21	52.58	52.95	53.32	53.69
80	120. „	52.12	52.50	52.87	53.25	53.62	54. „	54.37
81	121.50	52.77	53.15	53.53	53.91	54.29	54.67	55.05
82	123. „	53.42	53.80	54.18	54.57	54.95	55.34	55.72
83	124.50	54.06	54.45	54.84	55.23	55.62	56. „	56.39
84	126. „	54.72	55.12	55.51	55.90	56.30	56.69	57.08

Blés défectueux de l'hectolitre ½.

Poids de l'hectolitre	Poids de l'hectolitre ½.	Valeur de l'hectolitre du poids de 80 Kil. pris pour base						
		36. 50	36. 75	37. „	37. 25	37. 50	37. 75	38. „
		Valeur des 120 K⁹ des poids de l'hectol. ½ depuis 97.50 jusqu'à 126						
65	97.50	44.48	44.79	45.09	45.39	45.70	46. „	46.31
66	99. „	45.16	45.47	45.78	46.08	46.39	46.70	47.01
67	100.50	45.84	46.15	46.46	46.78	47.09	47.41	47.72
68	102. „	46.52	46.84	47.16	47.48	47.80	48.12	48.44
69	103.50	47.21	47.54	47.86	48.18	48.51	48.83	49.15
70	105. „	47.90	48.23	48.55	48.88	49.21	49.54	49.87
71	106.50	48.60	48.94	49.27	49.60	49.94	50.27	50.60
72	108. „	49.27	49.61	49.95	50.28	50.62	50.96	51.30
73	109.50	49.95	50.29	50.63	50.97	51.31	51.66	52. „
74	111. „	50.63	50.98	51.33	51.67	52.02	52.37	52.71
75	112.50	51.32	51.67	52.02	52.37	52.72	53.07	53.43
76	114. „	52. „	52.36	52.72	53.07	53.43	53.78	54.14
77	115.50	52.68	53.05	53.41	53.77	54.13	54.49	54.85
78	117. „	53.37	53.74	54.10	54.47	54.84	55.20	55.57
79	118.50	54.06	54.43	54.80	55.17	55.54	55.91	56.28
80	120. „	54.75	55.12	55.50	55.87	56.25	56.62	57. „
81	121.50	55.43	55.81	56.19	56.57	56.95	57.33	57.71
82	123. „	56.11	56.49	56.88	57.26	57.64	58.03	58.41
83	124.50	56.78	57.18	57.57	57.96	58.35	58.74	59.13
84	126. „	57.48	57.87	58.26	58.66	59.05	59.44	59.84

Blés défectueux de l'hectolitre ½.

Poids de l'hectolitre	Poids de l'hectolitre ½	Valeur de l'hectolitre du poids de 80 Kil. pris pour base.						
		38.25	38.50	38.75	39..	39.25	39.50	39.75
		Valeur des 120 K.os des poids de l'hectol. ½ depuis 97.50 jusqu'à 126						
65	97.50	46.61	46.92	47.22	47.53	47.83	48.14	48.44
66	99. "	47.32	47.63	47.94	48.25	48.56	48.87	49.18
67	100.50	48.03	48.35	48.66	48.98	49.29	49.60	49.92
68	102. "	48.76	49.08	49.40	49.71	50.03	50.35	50.67
69	103.50	49.48	49.80	50.12	50.45	50.77	51.09	51.42
70	105..	50.20	50.52	50.85	51.18	51.51	51.84	52.16
71	106.50	50.94	51.27	51.60	51.93	52.27	52.60	52.93
72	108. "	51.63	51.97	52.31	52.65	52.98	53.32	53.66
73	109.50	52.34	52.68	53.02	53.37	53.71	54.05	54.39
74	111. "	53.06	53.41	53.75	54.10	54.45	54.79	55.14
75	112.50	53.78	54.13	54.48	54.83	55.18	55.54	55.89
76	114..	54.50	54.85	55.21	55.57	55.92	56.28	56.63
77	115.50	55.21	55.57	55.93	56.29	56.65	57.02	57.38
78	117..	55.93	56.30	56.66	57.03	57.40	57.76	58.13
79	118.50	56.65	57.02	57.39	57.76	58.13	58.50	58.87
80	120. "	57.37	57.75	58.12	58.50	58.87	59.25	59.62
81	121.50	58.09	58.47	58.85	59.23	59.61	59.99	60.37
82	123. "	58.80	59.18	59.57	59.95	60.33	60.72	61.10
83	124.50	59.52	59.90	60.29	60.68	61.07	61.46	61.85
84	126. "	60.23	60.63	61.02	61.41	61.81	62.20	62.59.

Blés défectueux de l'hectolitre ½.

Poids de l'hectolitre	Poids de l'hectolitre ½	Valeur de l'hectolitre du poids de 80 K.º pris pour base.					
		40 . „					
		Valeur des 120 K.º dans poids de l'hectol. ½ depuis 37.50 jusqu'à 126.					
65	97.50	48.75					
66	99. „	49.50					
67	100.50	50.25					
68	102. „	51. „					
69	103.50	51.75					
70	105. „	52.50					
71	106.50	53.25					
72	108. „	54. „					
73	109.50	54.75					
74	111. „	55.50					
75	112.50	56.25					
76	114. „	57. „					
77	115.50	57.75					
78	117. „	58.50					
79	118.50	59.25					
80	120. „	60. „					
81	121.50	60.75					
82	123. „	61.50					
83	124.50	62.25					
84	126. „	63. „					

Le prix de toutes les qualités en poids de blé pour faire un certain poids de farine par la quantité plus ou moins grande qu'il faut de blé, le prix de revient ne diffère pas.

Valeur

des 20, 50, 60, 144, 150, 160, 200, 300 litres de Blé

basée

sur le prix de l'hectolitre.

Suivie

du prix de revient de chacune de ces mesures de blé pour faire 88, 100, 122, 124 et 157 Kil. de Farine.

Valeur de chaque poids de Blé basé sur le prix de l'hectolitre pesant 80 K⁹

Prix de l'hectol.	Prix des 20 Lit.	Prix des 50 Lit.	Prix des 60 Lit.	Prix des 144 Lit.	Prix des 150 Lit.	Prix des 160 Lit.	Prix des 200 Lit.	Prix des 300 Lit.
12. „	2.40	6. „	7.20	17.28	18. „	19.20	24. „	36. „
12.25	2.45	6.125	7.35	17.64	18.375	19.60	24.50	36.75
12.50	2.50	6.250	7.50	18. „	18.750	20. „	25. „	37.50
12.75	2.55	6.375	7.65	18.36	19.125	20.40	25.50	38.25
13. „	2.60	6.500	7.80	18.72	19.500	20.80	26. „	39. „
13.25	2.65	6.625	7.95	19.08	19.875	21.20	26.50	39.75
13.50	2.70	6.750	8.10	19.44	20.250	21.60	27. „	40.50
13.75	2.75	6.875	8.25	19.80	20.625	22. „	27.50	41.25
14. „	2.80	7. „	8.40	20.16	21. „	22.40	28. „	42. „
14.25	2.85	7.125	8.55	20.52	21.375	22.80	28.50	42.75
14.50	2.90	7.250	8.70	20.88	21.750	23.20	29. „	43.50
14.75	2.95	7.375	8.85	21.24	22.125	23.60	29.50	44.25
15. „	3. „	7.500	9. „	21.60	22.500	24. „	30. „	45. „
15.25	3.05	7.625	9.15	21.96	22.875	24.40	30.50	45.75
15.50	3.10	7.750	9.30	22.32	23.250	24.80	31. „	46.50
15.75	3.15	7.875	9.45	22.68	23.625	25.20	31.50	47.25
16. „	3.20	8. „	9.60	23.04	24. „	25.60	32. „	48. „

Prix de revient pour chaque poids de farine, basés sur les prix précédents et correspondants.

Prix de l'hectol.	Pour 88 Kilogs	Pour 100 Kilogs	Pour 122 Kilogs	Pour 124 Kilogs	Pour 157 Kilogs
12. „	17.36	19.73	24.07	24.47	30.98
12.25	17.72	20.14	24.57	24.97	31.62
12.50	18.08	20.55	25.07	25.48	32.27
12.75	18.44	20.96	25.57	25.99	32.91
13. „	18.80	21.37	26.07	26.50	33.56
13.25	19.16	21.78	26.57	27.01	34.20
13.50	19.53	22.19	27.08	27.52	34.85
13.75	19.89	22.60	27.58	28.03	35.49
14. „	20.25	23.02	28.08	28.54	36.14
14.25	20.61	23.43	28.53	29.05	36.79
14.50	20.97	23.84	29.08	29.56	37.43
14.75	21.34	24.25	29.58	30.07	38.08
15. „	21.70	24.66	30.09	30.58	38.72
15.25	22.06	25.07	30.59	31.09	39.37
15.50	22.42	25.48	31.09	31.60	40.05
15.75	22.98	25.89	31.59	32.11	40.66
16. „	23.14	26.31	32.09	32.62	41.30

Valeur de Chaque poids de Blé basé sur le prix de l'hectolitre pesant 80 K^s

Prix de l'hectl.	Prix des 20 Lit.	Prix des 50 Lit.	Prix des 60 Lit	Prix des 144 Lit	Prix des 150 Lit	Prix des 160 Lit	Prix des 200 Lit	Prix des 300 Lit
16.25	3.25	8.125	9.75	23.40	24.375	26. „	32.50	48.75
16.50	3.30	8.250	9.90	23.76	24.750	26.40	33. „	49.50
16.75	3.35	8.375	10.05	24.12	25.125	26.80	33.50	50.25
17. „	3.40	8.500	10.20	24.48	25.500	27.20	34. „	51. „
17.25	3.45	8.625	10.35	24.84	25.875	27.60	34.50	51.75
17.50	3.50	8.750	10.50	25.20	26.250	28. „	35. „	52.50
17.75	3.55	8.875	10.65	25.56	26.625	28.40	35.50	53.25
18. „	3.60	9. „	10.80	25.92	27. „	28.80	36. „	54. „
18.25	3.65	9.125	10.95	26.28	27.375	29.20	36.50	54.75
18.50	3.70	9.250	11.10	26.64	27.750	29.60	37. „	55.50
18.75	3.75	9.375	11.25	27. „	28.125	30. „	37.50	56.25
19. „	3.80	9.500	11.40	27.36	28.500	30.40	38. „	57. „
19.25	3.85	9.625	11.55	27.72	28.875	30.80	38.50	57.75
19.50	3.90	9.750	11.70	28.08	29.250	31.20	39. „	58.50
19.75	3.95	9.875	11.85	28.44	29.625	31.60	39.50	59.25
20. „	4. „	10. „	12. „	28.80	30. „	32. „	40. „	60. „
20.25	4.05	10.125	12.15	29.16	30.375	32.40	40.50	60.75

Prix de revient pour chaque poids de farine, basés sur les prix précédents et correspondants.

Prix de l'hectol.	Pour 88 Kilogs	Pour 100 Kilogs	Pour 122 Kilogs	Pour 124 Kilogs	Pour 157 Kilogs.
16.25	23.51	26.72	32.59	33.13	41.95
16.50	23.87	27.13	33.10	33.64	42.59
16.75	24.23	27.54	33.60	34.15	43.24
17. „	24.59	27.95	34.10	34.66	43.89
17.25	24.95	28.36	34.60	35.17	44.53
17.50	25.32	28.77	35.10	35.68	45.18
17.75	25.68	29.18	35.60	36.19	45.82
18. „	26.04	29.60	36.11	36.70	46.47
18.25	26.40	30.01	36.61	37.21	47.11
18.50	26.76	30.42	37.11	37.72	47.76
18.75	27.13	30.83	37.61	38.23	48.41
19. „	27.49	31.24	38.11	38.74	49.05
19.25	27.85	31.65	38.61	39.25	49.70
19.50	28.21	32.06	39.12	39.76	50.34
19.75	28.57	32.57	39.62	40.27	50.99
20. „	28.93	32.89	40.12	40.78	51.63
20.25	29.29	33.30	40.62	41.29	52.28.

Valeur de chaque poids de Blé basée sur le prix de l'hectolitre pesant 80 Kᵒˢ

Prix de l'hectol.	Prix des 20 Lit.	Prix des 50 Lit.	Prix des 60 Lit.	Prix des 144 Lit.	Prix des 150 Lit.	Prix des 160 Lit.	Prix des 200 Lit.	Prix des 300 Lit.
20.50	4.10	10.250	12.30	29.62	30.750	32.20	41. „	61.50
20.75	4.15	10.375	12.45	29.88	31.125	33.20	41.50	62.25
21. „	4.20	10.500	12.60	30.24	31.500	33.60	42. „	63. „
21.25	4.25	10.625	12.75	30.60	31.875	34. „	42.50	63.75
21.50	4.30	10.750	12.90	30.96	32.250	34.40	43. „	64.50
21.75	4.35	10.875	13.05	31.32	32.625	34.80	43.50	65.25
22. „	4.40	11. „	13.20	31.68	33. „	35.20	44. „	66. „
22.25	4.45	11.125	13.35	32.04	33.375	35.60	44.50	66.75
22.50	4.50	11.250	13.50	32.40	33.750	36. „	45. „	67.50
22.75	4.55	11.375	13.65	32.76	34.125	36.40	45.50	68.25
23. „	4.60	11.500	13.80	33.12	34.500	36.80	46. „	69. „
23.25	4.65	11.625	13.95	33.48	34.875	37.20	46.50	69.75
23.50	4.70	11.750	14.10	33.84	35.250	37.60	47. „	70.50
23.75	4.75	11.875	14.25	34.20	35.625	38. „	47.50	71.25
24. „	4.80	12. „	14.40	34.56	36. „	38.40	48. „	72. „
24.25	4.80	12.125	14.55	34.92	36.375	38.80	48.50	72.75
24.50	4.90	12.250	14.70	35.28	36.750	39.20	49. „	73.50

Prix de revient pour chaque poids de farine, basés sur les prix précédents et correspondants.

Prix de l'hectl.	Pour 88 Kilogs	Pour 100 Kilogs	Pour 122 Kilogs	Pour 124 Kilogs	Pour 157. Kilogs.
20.50	29.66	33.71	41.12	41.80	52.92
20.75	30.02	34.12	41.62	42.31	53.57
21. „	30.38	34.53	42.13	42.82	54.22
21.25	30.74	34.94	42.63	43.33	54.86
21.50	31.11	35.35	43.13	43.84	55.51
21.75	31.47	35.76	43.63	44.35	56.15
22. „	31.83	36.18	44.13	44.86	56.80
22.25	32.19	36.59	44.63	45.37	57.44
22.50	32.55	37. „	45.14	45.88	58.09
22.75	32.92	37.41	45.64	46.39	58.73
23. „	33.28	37.82	46.14	46.90	59.28
23.25	33.64	38.23	46.64	47.41	60.03
23.50	34. „	38.64	47.14	47.92	60.67
23.75	34.36	39.05	47.64	48.43	61.32
24. „	34.72	39.47	48.15	48.94	61.96
24.25	35.09	39.88	48.65	49.45	62.64
24.50	35.45	40.29	49.15	49.96	63.25

Valeur de chaque poids de Blé basée sur le prix de l'hectolitre pesant 80 K^os

Prix de l'hectol.	Prix des 20 Lit.	Prix des 50 Lit.	Prix des 60 Lit.	Prix des 144 Lit.	Prix des 150 Lit.	Prix des 160 Lit.	Prix des 200 Lit.	Prix des 300 Lit.
24.75	4.95	12.375	14.85	35.64	37.125	39.60	49.50	74.25
25. „	5. „	12.500	15. „	36. „	37.500	40. „	50. „	75. „
25.25	5.05	12.625	15.15	36.36	37.875	40.40	50.50	75.75
25.50	5.10	12.750	15.30	36.72	38.250	40.80	51. „	76.50
25.75	5.15	12.875	15.45	37.08	38.625	41.20	51.50	77.25
26. „	5.20	13. „	15.60	37.44	39. „	41.60	52. „	78. „
26.25	5.25	13.125	15.75	37.80	39.375	42. „	52.50	78.75
26.50	5.30	13.250	15.90	38.16	39.750	42.40	53. „	79.50
26.75	5.35	13.375	16.05	38.52	40.125	42.80	53.50	80.25
27. „	5.40	13.500	16.20	38.88	40.500	43.20	54. „	81. „
27.25	5.45	13.625	16.35	39.24	40.875	43.60	54.50	81.75
27.50	5.50	13.750	16.50	39.60	41.250	44. „	55. „	82.50
27.75	5.55	13.875	16.65	39.96	41.625	44.40	55.50	83.25
28. „	5.60	14. „	16.80	40.32	42. „	44.80	56. „	84. „
28.25	5.65	14.125	16.95	40.68	42.375	45.20	56.50	84.75
28.50	5.70	14.250	17.10	41.04	42.750	45.60	57. „	85.50
28.75	5.75	14.375	17.25	41.40	43.125	46. „	57.50	86.25

Prix de revient pour chaque poids de farine, basé sur les prix précédents et correspondants.

Prix de l'hectol	Pour 88 Kilogr	Pour 100 Kilogo	Pour 122 Kilogo	Pour 124 Kilogo	Pour 157 Kilogr.
24.75	35.81	40.70	49.65	50.47	63.90
25.,,	36.17	41.11	50.15	50.98	64.55
25.25	36.53	41.52	50.66	51.49	65.19
25.50	36.90	41.92	51.16	52.,,	65.84
25.75	37.26	42.23	51.66	52.51	66.48
26.,,	37.62	42.75	52.16	53.02	67.13
26.25	37.98	43.16	52.66	53.53	67.77
26.50	38.34	43.17	53.16	54.04	68.42
26.75	38.71	43.98	53.67	54.55	69.06
27.,,	39.07	44.39	54.17	55.06	69.71
27.25	39.47	44.81	54.67	56.57	70.36
27.50	39.83	45.22	55.17	56.08	71.,,
27.75	40.19	45.63	55.67	56.59	71.65
28.,,	40.55	46.04	56.17	57.10	72.29
28.25	40.92	46.45	56.68	57.61	72.94
28.50	41.28	46.86	57.18	58.12	73.58
28.75	41.64	47.27	57.68	58.63	74.23

Valeur de chaque poids de Blé basée sur le prix de l'hectolitre pesant 80 K?

Prix de l'hectol.	Prix des 20 Lit.	Prix des 50 Lit.	Prix des 60 Lit.	Prix des 144 Lit.	Prix des 150 Lit.	Prix des 160 Lit.	Prix des 200 Lit.	Prix des 300 Lit.
29. „	5.80	14.500	17.40	41.76	43.500	46.40	58. „	87. „
29.25	5.85	14.625	17.55	42.12	43.875	46.80	58.50	87.75
29.50	5.90	14.750	17.70	42.48	44.250	47.20	59. „	88.50
29.75	5.95	14.875	17.85	42.84	44.625	47.60	59.50	89.25
30. „	6. „	15. „	18. „	43.20	45. „	48. „	60. „	90. „
30.25	6.05	15.125	18.15	43.56	45.375	48.40	60.50	90.75
30.50	6.10	15.250	18.30	43.92	45.750	48.80	61. „	91.50
30.75	6.15	15.375	18.45	44.28	46.125	49.20	61.50	92.25
31. „	6.20	15.500	18.60	44.64	46.500	49.60	62. „	93. „
31.25	6.25	15.625	18.75	45. „	46.875	50. „	62.50	93.75
31.50	6.30	15.750	18.90	45.36	47.250	50.40	63. „	94.50
31.75	6.35	15.875	19.05	45.72	47.625	50.80	63.50	95.25
32. „	6.40	16. „	19.20	46.08	48. „	51.20	64. „	96. „
32.25	6.45	16.125	19.35	46.44	48.375	51.60	64.50	96.75
32.50	6.50	16.250	19.50	46.80	48.750	52. „	65. „	97.50
32.75	6.55	16.375	19.65	47.16	49.125	52.40	65.50	98.25
33. „	6.60	16.500	19.80	47.52	49.500	52.80	66. „	99. „

Prix de revient pour chaque poids de farine, basés sur les prix précédents et correspondants.

Prix de l'hectol.	Pour 88 Kilog.	Pour 100 Kilog.	Pour 122 Kilog.	Pour 124 Kilog.	Pour 157 Kilog.
29. „	42. „	47. 69	58. 18	59. 14	74. 87
29.25	42. 36	48. 10	58. 68	59. 65	75. 52
29.50	42. 73	48. 51	59. 18	60. 16	76. 16
29.75	43.09	48. 92	59. 69	60. 67	76. 81
30. „	43.45	49. 33	60. 19	61. 18	77. 46
30.25	43.81	49. 74	60. 69	61. 69	78. 10
30.50	44.17	50.15	61. 19	62. 20	78. 75
30.75	44.54	50.56	61. 69	62. 71	79. 39
31. „	44.90	50.98	62. 19	63. 22	80. 04
31.25	45.20	51.39	62. 70	63. 73	80. 68
31.50	45.56	51.80	63.20	64.24	81. 33
31.75	45.94	52.21	63.70	64.75	81.97
32. „	46.30	52.62	64.20	65.26	82.62
32.25	46.67	53.03	64.70	65.77	83.27
32.50	46.43	53.44	65.20	66.28	83.91
32.75	47.39	53.85	65.71	66.79	84.50
33. „	47.75	54.27	66.21	67.30	85.20

Valeur de chaque poids de Blé basée sur le prix de l'hectolitre pesant 80 K°

Prix de l'hectol.	Prix de 20 lit.	Prix de 50 lit.	Prix de 60 lit.	Prix de 144 lit.	Prix de 150 lit.	Prix de 160 lit.	Prix de 200 lit.	Prix de 300 lit.
33.25	6.65	16.625	19.95	47.88	49.875	53.20	66.50	99.75
33.50	6.70	16.750	20.10	48.24	50.250	53.60	67. „	100.50
33.75	6.75	16.875	20.25	48.60	50.625	54. „	67.50	101.25
34. „	6.80	17. „	20.40	48.96	51. „	54.40	68. „	102. „
34.25	6.85	17.125	20.55	49.32	51.375	54.80	68.50	102.75
34.50	6.90	17.250	20.70	49.68	51.750	55.20	69. „	103.50
34.75	6.95	17.375	20.85	50.04	52.125	55.60	69.50	104.25
35. „	7. „	17.500	21. „	50.40	52.500	56. „	70. „	105. „
35.25	7.05	17.625	21.15	50.76	52.875	56.40	70.50	105.75
35.50	7.10	17.750	21.30	51.12	53.250	56.80	71. „	106.50
35.75	7.15	17.875	21.45	51.48	53.625	57.20	71.50	107.25
36. „	7.20	18. „	21.60	51.84	54. „	57.60	72. „	108. „
36.25	7.25	18.125	21.75	52.20	54.375	58. „	72.50	108.75
36.50	7.30	18.250	21.90	52.56	54.750	58.40	73. „	109.50
36.75	7.35	18.375	22.05	52.92	55.125	58.80	73.50	110.25
37. „	7.40	18.500	22.20	53.28	55.500	59.20	74. „	111. „
37.25	7.45	18.625	22.35	53.64	55.875	59.60	74.50	111.75

Prix de revient pour chaque poids de farine, basée sur les prix précédents et correspondants.

Prix de l'hectol.	Pour 88 Kilogr	Pour 100 Kilogr	Pour 122 Kilogs	Pour 124 Kilogs	Pour 157 Kilogr.
33.25	48.11	54.68	66.71	67.71	85.85
33.50	48.42	55.09	67.21	68.22	86.49
33.75	48.84	55.50	67.71	68.73	87.14
34.,	49.20	55.91	68.21	69.24	87.78
34.25	49.56	56.32	68.72	69.75	88.43
34.50	49.92	56.73	69.22	70.26	89.08
34.75	50.29	57.14	69.72	70.77	89.72
35.,	50.65	57.55	70.22	71.28	90.31
35.25	51.01	57.97	70.72	71.79	91.01
35.50	51.37	58.38	71.22	72.30	91.66
35.75	51.73	58.79	71.73	72.90	92.30
36.,	52.09	59.20	72.23	73.41	92.95
36.25	52.46	59.63	72.73	73.92	93.60
36.50	52.82	60.04	73.23	74.43	94.24
36.75	53.12	60.45	73.73	74.94	94.89
37.,	53.54	60.87	74.24	75.45	95.53
37.25	53.90	61.28	74.74	75.96	96.18

Valeur de chaque poids de Blé basée sur le prix de l'hectolitre pesant 80 K.os.

Prix de l'hectol.	Prix des 20 Lit.	Prix des 50 Lit.	Prix des 60 Lit.	Prix des 144. Lit.	Prix des 150 Lit.	Prix des 160 Lit.	Prix des 200 Lit.	Prix des 300 Lit.
37.50	7.50	18.750	22.50	54. „	56.250	60. „	75. „	112.50
37.75	7.55	18.875	22.65	54.36	56.625	60.40	75.50	113.25
38. „	7.60	19. „	22.80	54.72	57. „	60.80	76. „	114. „
38.25	7.65	19.125	22.95	55.08	57.375	61.20	76.50	114.75
38.50	7.70	19.250	23.10	55.44	57.750	61.60	77. „	115.50
38.75	7.75	19.375	23.25	55.80	58.125	62. „	77.50	116.25
39. „	7.80	19.500	23.40	56.16	58.500	62.40	78. „	117. „
39.25	7.85	19.625	23.55	56.52	58.875	62.80	78.50	117.75
39.50	7.90	19.750	23.70	56.88	59.250	63.20	79. „	118.50
39.75	7.95	19.875	23.85	57.24	59.625	63.60	79.50	119.25
40. „	8. „	20. „	24. „	57.60	60. „	64. „	80. „	120. „

Prix de revient pour chaque poids de farine, basés sur les prix précédents et correspondants.

Prix de l'hectol.	Pour 88 Kilogr.	Pour 100 Kilogr.	Pour 122 Kilogr.	Pour 124 Kilogr.	Pour 157 Kilogr.
37.50	54.27	61.49	75.24	76.47	96.82
37.75	54.63	62.10	75.74	76.98	97.47
38. ,	54.99	62.51	76.24	77.49	98.12
38.25	55.35	62.92	76.74	78. .	98.76
38.50	55.71	63.33	77.25	78.51	99.41
38.75	56.08	63.74	77.75	79.02	100.05
39. ,	56.44	64.16	78.25	79.53	100.70
39.25	56.80	64.57	78.75	80.04	101.34
39.50	57.16	64.98	79.25	80.55	101.99
39.75	57.42	65.39	79.75	81.06	102.63
40. ,	57.89	65.78	80.20	81.57	103.28

Rendements

en Farine en Son et Déchet

depuis 1 Litre de blé de chaque poids

jusqu'à 300.

Rendemens.

Poids de l'hectol.	1 Litre			2 Litres		
	Farine	Son.	Déchet	Farine	Son	Déchet.
	k.	k.	k.	k.	k.	k.
65	0.4013	0.2387	0.01	0.8026	0.4774	0.02
66	0.4138	0.2362	0.01	0.8276	0.4724	0.02
67	0.4264	0.2336	0.01	0.8528	0.4772	0.02
68	0.4392	0.2308	0.01	0.8784	0.4616	0.02
69	0.4522	0.2278	0.01	0.9044	0.4556	0.02
70	0.4655	0.2245	0.01	0.9310	0.4490	0.02
71	0.4788	0.2212	0.01	0.9576	0.4424	0.02
72	0.4924	0.2176	0.01	0.9848	0.4352	0.02
73	0.5062	0.2138	0.01	1.0124	0.4276	0.02
74	0.5202	0.2098	0.01	1.0404	0.4196	0.02
75	0.5343	0.2057	0.01	1.0626	0.4114	0.02
76	0.5487	0.2013	0.01	1.0974	0.4026	0.02
77	0.5632	0.1968	0.01	1.1264	0.3936	0.02
78	0.5779	0.1921	0.01	1.1558	0.3842	0.02
79	0.5928	0.1872	0.01	1.1856	0.3744	0.02
80	0.6080	0.1820	0.01	1.2160	0.3640	0.02
81	0.6232	0.1768	0.01	1.2464	0.3536	0.02
82	0.6387	0.1713	0.01	1.2774	0.3426	0.02
83	0.6544	0.1656	0.01	1.3088	0.3312	0.02
84	0.6703	0.1597	0.01	1.3406	0.3194	0.02

Rendements.

Poids de l'hectol.	3 Litres.			4 Litres.		
	Farine	Son	Déchet	Farine	Son	Déchet
65	1.2039	0.7161	0.03	1.6052	0.9548	0.04
66	1.2414	0.7086	0.03	1.6552	0.9448	0.04
67	1.2792	0.7008	0.03	1.7056	0.9334	0.04
68	1.3176	0.6924	0.03	1.7558	0.9232	0.04
69	1.3566	0.6834	0.03	1.8088	0.9112	0.04
70	1.3965	0.6735	0.03	1.8620	0.8980	0.04
71	1.4364	0.6636	0.03	1.9052	0.8842	0.04
72	1.4772	0.6528	0.03	1.9696	0.8704	0.04
73	1.5186	0.6414	0.03	2.0242	0.8550	0.04
74	1.5606	0.6294	0.03	2.0808	0.8392	0.04
75	1.6029	0.6171	0.03	2.1372	0.8228	0.04
76	1.6461	0.6039	0.03	2.1948	0.8052	0.04
77	1.6896	0.5904	0.03	2.2528	0.7872	0.04
78	1.7337	0.5763	0.03	2.3116	0.7684	0.04
79	1.7784	0.5616	0.03	2.3712	0.7488	0.04
80	1.8240	0.5460	0.03	2.4320	0.7280	0.04
81	1.8696	0.5304	0.03	2.4928	0.7072	0.04
82	1.9151	0.5139	0.03	2.5548	0.6852	0.04
83	1.9632	0.4968	0.03	2.6176	0.6624	0.04
84	2.0109	0.4791	0.03	2.6812	0.6322	0.04

Rendements.

Poids de l'hectol.	5 Litres			6 Litres		
	Farine	Son	Déchet	Farine	Son	Déchet
65	2.0065	1.1935	0.05	2.4078	1.4310	0.06
66	2.0690	1.1810	0.05	2.4828	1.4172	0.06
67	2.1260	1.1620	0.05	2.5584	1.4016	0.06
68	2.1960	1.1540	0.05	2.6352	1.3848	0.06
69	2.2610	1.1390	0.05	2.7132	1.3668	0.06
70	2.3275	1.1220	0.05	2.7930	1.3470	0.06
71	2.3940	1.1060	0.05	2.8728	1.3272	0.06
72	2.4620	1.0880	0.05	2.9544	1.3056	0.06
73	2.5310	1.0690	0.05	3.0372	1.2828	0.06
74	2.6010	1.0490	0.05	3.1212	1.2588	0.06
75	2.6715	1.0285	0.05	3.2058	1.2342	0.06
76	2.7435	1.0065	0.05	3.2922	1.2078	0.06
77	2.8160	0.9840	0.05	3.3792	1.1818	0.06
78	2.8895	0.9605	0.05	3.4674	1.1526	0.06
79	2.9640	0.9360	0.05	3.5568	1.1232	0.06
80	3.0400	0.9100	0.05	3.6480	1.0920	0.06
81	3.1160	0.8840	0.05	3.7492	1.0608	0.06
82	3.1938	0.8365	0.05	3.8322	1.0278	0.06
83	3.2720	0.8280	0.05	3.9264	0.9930	0.06
84	3.3515	0.7285	0.05	4.0218	0.9582	0.06

Rendements.

Poids de l'hectol.	7 Litres			8 Litres.		
	Farine	Son	Déchet	Farine	Son	Déchet
65	2. 8091	1. 6709	0.07	3. 2104	1. 9096	0.08
66	2. 8966	1. 6534	0.07	3. 3104	1. 8896	0.08
67	2. 9848	1. 6352	0.07	3. 4112	1. 8688	0.08
68	3. 0744	1. 6156	0.07	3. 5136	1. 8464	0.08
69	3. 1654	1. 5946	0.07	3. 6176	1. 8224	0.08
70	3. 2585	1. 5715	0.07	3. 7240	1. 7960	0.08
71	3. 3516	1. 5484	0.07	3. 8304	1. 7696	0.08
72	3. 4468	1. 5132	0.07	3. 9392	1. 7408	0.08
73	3. 5434	1. 4966	0.07	4. 0496	1. 7104	0.08
74	3. 6414	1. 4686	0.07	4. 1616	1. 6784	0.08
75	3. 7401	1. 4399	0.07	4. 2744	1. 6456	0.08
76	3. 8409	1. 4091	0.07	4. 3896	1. 6104	0.08
77	3. 9424	1. 3776	0.07	4. 5056	1. 5744	0.08
78	4. 0153	1. 3447	0.07	4. 6232	1. 5368	0.08
79	4. 1496	1. 3404	0.07	4. 7424	1. 4976	0.08
80	4. 2560	1. 2740	0.07	4. 8640	1. 4560	0.08
81	4. 3624	1. 2576	0.07	4. 9856	1. 3144	0.08
82	4. 4709	1. 1991	0.07	5. 1096	1. 3704	0.08
83	4. 5808	1. 1592	0.07	5. 2352	1. 3248	0.08
84	4. 6921	1. 1179	0.07	5. 3626	1. 2776	0.08

Rendement

Poids de l'hectol.	9 Litres			10 Litres		
	Farine	Son	Déchet	Farine	Son	Déchet
65	3.6117	2.1483	0.09	4.0130	2.3870	0.1
66	3.7242	2.1258	0.09	4.1380	2.3620	0.1
67	3.8376	2.1024	0.09	4.2640	2.3360	0.1
68	3.9528	2.0770	0.09	4.3920	2.3080	0.1
69	4.0698	2.0502	0.09	4.5220	2.2730	0.1
70	4.1815	2.0205	0.09	4.6550	2.2450	0.1
71	4.3092	1.9908	0.09	4.7880	2.2120	0.1
72	4.4316	1.9584	0.09	4.9240	2.1760	0.1
73	4.5548	1.9442	0.09	5.0620	2.1380	0.1
74	4.6818	1.8882	0.09	5.2020	2.0980	0.1
75	4.8087	1.8513	0.09	5.3430	2.0570	0.1
76	4.9383	1.8117	0.09	5.4870	2.0130	0.1
77	5.0688	1.7712	0.09	5.6320	1.9680	0.1
78	5.2011	1.7289	0.09	5.7790	1.9210	0.1
79	5.3352	1.6848	0.09	5.9280	1.8720	0.1
80	5.4720	1.6380	0.09	6.0800	1.8200	0.1
81	5.6263	1.5912	0.09	6.2320	1.7680	0.1
82	5.7483	1.5417	0.09	6.3870	1.7130	0.1
83	5.8896	1.4904	0.09	6.5440	1.6560	0.1
84	6.0337	1.4373	0.09	6.7030	1.5970	0.1

Rendements.

Poids de l'hectol.	20 Litres			30 Litres		
	Farine	Son	Déchet	Farine	Son	Déchet
65	8.0200	4.7740	0.2	12.0390	7.1610	0.3
66	8.2760	4.7040	0.2	12.4140	7.0860	0.3
67	8.5290	4.6720	0.2	12.7920	7.0080	0.3
68	8.7840	4.6100	0.2	13.1760	6.9240	0.3
69	9.0440	4.5560	0.2	13.5660	6.8340	0.3
70	9.3100	4.4900	0.2	13.9650	6.7350	0.3
71	9.5760	4.4240	0.2	14.3640	6.6360	0.3
72	9.8480	4.3520	0.2	14.7720	6.5280	0.3
73	10.1240	4.2760	0.2	15.1860	6.4140	0.3
74	10.4040	4.1960	0.2	15.6060	6.2940	0.3
75	10.6860	4.1140	0.2	16.0290	6.1710	0.3
76	10.9740	4.0260	0.2	16.4610	6.0390	0.3
77	11.2640	3.9360	0.2	16.8960	5.9040	0.3
78	11.5580	3.8440	0.2	17.3370	5.7630	0.3
79	11.8560	3.7440	0.2	17.7840	5.6160	0.3
80	12.1500	3.6400	0.2	18.2400	5.4600	0.3
81	12.4640	3.5360	0.2	18.6960	5.3040	0.3
82	12.7740	3.4260	0.2	19.1610	5.1390	0.3
83	13.0860	3.3160	0.2	19.6320	4.9680	0.3
84	13.3940	3.1940	0.2	20.1090	4.7910	0.3

Rendements.

Poids de l'hectol.	40 Litres			50 Litres		
	Farine	Son	Déchet	Farine	Son	Déchet
65	16.0520	9.5480	0.4	20.0650	11.9350	0.5
66	16.5520	9.4480	0.4	20.6900	11.3100	0.5
67	17.0560	9.3440	0.4	21.2600	11.6800	0.5
68	17.5680	9.2320	0.4	21.9600	11.5400	0.5
69	18.0880	9.1120	0.4	22.6100	11.3900	0.5
70	18.6200	8.9800	0.4	23.2750	11.2200	0.5
71	19.0520	8.8480	0.4	23.9400	11.0600	0.5
72	19.6960	8.7640	0.4	24.6200	10.8800	0.5
73	20.2480	8.5500	0.4	25.3100	10.6900	0.5
74	20.8080	8.3920	0.4	26.0400	10.4900	0.5
75	21.3720	8.2280	0.4	26.7150	10.2250	0.5
76	21.9480	8.0520	0.4	27.4350	10.0650	0.5
77	22.5280	7.8720	0.4	28.1600	9.8400	0.5
78	23.0.160	7.6840	0.4	28.8950	9.8050	0.5
79	23.7120	7.4880	0.4	29.6400	9.3600	0.5
80	24.3200	7.2800	0.4	30.4000	9.1000	0.5
81	24.9280	7.0720	0.4	31.1600	8.4400	0.5
82	25.5420	6.8580	0.4	31.9380	8.3650	0.5
83	26.1760	6.6240	0.4	32.7200	8.2800	0.5
84	26.8120	6.3880	0.4	33.5150	7.9850	0.5

Rendements.

Poids de l'hectol.	60 Litres			70 Litres		
	Farine	Son	Déchet	Farine	Son	Déchet
65	24.0780	14.3100	0.6	28.0940	16.7090	0.7
66	24.8280	14.1720	0.6	28.9660	16.5340	0.7
67	25.5840	14.0160	0.6	29.8480	16.3520	0.7
68	26.3520	13.8480	0.6	30.7440	16.1560	0.7
69	27.1320	13.6680	0.6	31.6540	15.9460	0.7
70	27.9300	13.4700	0.6	32.5850	15.7150	0.7
71	28.7280	13.2720	0.6	33.5160	15.4810	0.7
72	29.5440	13.0560	0.6	34.4680	15.1320	0.7
73	30.3720	12.8280	0.6	35.4340	14.9660	0.7
74	31.2120	12.5280	0.6	36.4140	14.6860	0.7
75	32.0580	12.3420	0.6	37.4010	14.3990	0.7
76	32.9220	12.0780	0.6	38.4090	14.0910	0.7
77	33.7220	11.8180	0.6	39.4240	13.7760	0.7
78	34.6740	11.5260	0.6	40.4530	13.4470	0.7
79	35.5080	11.2320	0.6	41.4960	13.4040	0.7
80	36.4800	10.9200	0.6	42.5000	12.7400	0.7
81	37.3920	10.6080	0.6	43.6240	12.5760	0.7
82	38.3220	10.2780	0.6	44.7090	11.9910	0.7
83	39.2640	9.9300	0.6	45.8080	11.5920	0.7
84	40.2180	9.5820	0.6	46.2521	11.1790	0.7

Rendements.

Poids de l'hectol.	80 Litres			90 Litres		
	Farine	Son	Déchet	Farine	Son	Déchet
65	32.1040	19.0960	0.8	36.1770	21.4830	0.9
66	33.1040	18.8960	0.8	37.8420	21.2530	0.9
67	34.1120	18.6880	0.8	38.3760	21.0240	0.9
68	35.1360	18.4640	0.8	39.5280	20.7700	0.9
69	36.1760	18.2240	0.8	40.6980	20.5020	0.9
70	37.2400	17.9600	0.8	41.8150	20.2050	0.9
71	38.3040	17.6960	0.8	43.0920	19.9020	0.9
72	39.2000	17.4080	0.8	44.3160	19.5840	0.9
73	40.4960	17.1040	0.8	45.5480	19.4420	0.9
74	41.6160	16.7840	0.8	46.8180	18.8820	0.9
75	42.7440	16.4560	0.8	48.0270	18.5130	0.9
76	43.8960	16.1040	0.8	49.3230	18.1170	0.9
77	45.0560	15.7440	0.8	50.6280	17.7120	0.9
78	46.2320	15.3680	0.8	52.0110	17.2890	0.9
79	47.4240	14.9760	0.8	53.3520	16.8480	0.9
80	48.6400	14.7600	0.8	54.7200	16.3800	0.9
81	49.4560	14.1440	0.8	56.2630	15.9120	0.9
82	51.0960	13.7040	0.8	57.4830	15.4170	0.9
83	52.3520	13.2480	0.8	58.8960	14.9040	0.9
84	53.6260	12.7760	0.8	60.3370	14.3730	0.9

Rendements.

Poids de l'hectol.	100 Litres			144 Litres		
	Farine.	Son	Déchet	Farine	Son	Déchet
65	40.1300	23.8700	1	57.7800	34.3700	1.44
66	40.3800	23.6200	1	59.5800	34.0100	1.44
67	42.6400	23.3600	1	61.4000	33.6300	1.44
68	43.9200	23.0800	1	63.2400	33.2300	1.44
69	45.9200	22.7800	1	65.1100	32.8000	1.44
70	46.5500	22.4500	1	67.0300	32.3200	1.44
71	47.8800	22.1200	1	68.9400	31.8500	1.44
72	49.2400	21.7600	1	70.9000	31.3700	1.44
73	50.6200	21.3800	1	72.8900	30.7900	1.44
74	52.0200	20.9800	1	75.5000	30.2100	1.44
75	53.5400	20.5700	1	76.9300	29.6200	1.44
76	54.8700	20.1300	1	79.0100	28.9800	1.44
77	56.3200	19.6800	1	81.1000	28.3300	1.44
78	57.7900	19.2100	1	83.2100	27.6600	1.44
79	59.2800	18.7200	1	85.3600	26.9500	1.44
80	60.8000	18.2000	1	87.5500	26.2000	1.44
81	62.3200	17.6800	1	89.7400	25.4500	1.44
82	63.8700	17.1300	1	91.9700	24.6600	1.44
83	65.4400	16.5600	1	94.2300	23.8400	1.44
84	67.0300	15.9700	1	96.5200	22.9900	1.44

Rendements.

Poids de l'hectol.	150 Litres			160 Litres.		
	Farine	Son	Déchet	Farine	Son	Déchet
65	60.1950	35.8050	1.50	64.2000	38.2000	1.60
66	62.0700	35.4300	1.50	66.2000	37.8000	1.60
67	63.9600	35.0400	1.50	68.2200	37.3800	1.60
68	65.2800	34.6200	1.50	70.2700	36.9300	1.60
69	67.8300	34.3700	1.50	72.3500	36.4500	1.60
70	69.8350	33.6150	1.50	74.5800	35.8200	1.60
71	71.8200	33.1800	1.50	76.6000	35.4000	1.60
72	73.8600	32.6400	1.50	78.7800	34.8200	1.60
73	75.9300	32.0700	1.50	80.9900	34.2000	1.60
74	78.0300	31.4700	1.50	83.2300	33.5700	1.60
75	80.1450	30.8450	1.50	85.4800	32.9200	1.60
76	82.3250	30.1950	1.50	87.7900	32.2100	1.60
77	84.4800	29.5200	1.50	90.1100	31.4900	1.60
78	86.6850	28.8150	1.50	92.4600	30.7400	1.60
79	88.9200	28.0800	1.50	94.8400	29.9600	1.60
80	91.2000	27.3000	1.50	97.2200	29.1200	1.60
81	93.4800	26.5200	1.50	99.7100	28.2900	1.60
82	95.8050	25.6950	1.50	102.0019	27.4100	1.60
83	98.1600	24.8400	1.50	104.0070	26.5000	1.60
84	100.5450	23.9550	1.50	107.0024	25.5600	1.60

Rendements.

Poids de l'heaul.	200 Litres			300 Litres		
	Farine	Son	Déchet	Farine	Son	Déchet
65	80.7600	47.7400	2	120.3900	71.7000	3
66	82.7600	47.2400	2	124.1400	70.8600	3
67	85.2800	46.7200	2	127.9200	70.0300	3
68	87.8400	46.1600	2	131.7600	69.2400	3
69	90.4400	45.5600	2	135.7600	68.2400	3
70	93.1000	44.9000	2	139.6500	67.3500	3
71	95.7600	44.2400	2	143.6600	66.3600	3
72	98.4800	43.5200	2	147.7200	65.2800	3
73	101.2400	42.7600	2	151.8600	64.1400	3
74	104.0400	41.9600	2	156.0600	62.9400	3
75	106.8600	41.1400	2	160.2900	61.8900	3
76	109.7400	40.2600	2	164.2100	60.3900	3
77	112.7400	39.3600	2	168.9600	59.0400	3
78	115.5800	38.4200	2	173.3700	57.6300	3
79	118.5600	37.4400	2	177.9400	56.1600	3
80	121.6000	36.0400	2	182.4000	54.6000	3
81	124.6400	35.3600	2	186.9600	53.0400	3
82	127.7400	34.2600	2	191.7000	51.3900	3
83	130.3800	33.1200	2	196.3200	49.6800	3
84	134.0600	31.9400	2	201.0900	47.9100	3

Quantité

de Litres et de Kilogr. qu'il faut

pour faire 88.ᵏ 100.ᵏ 122.ᵏ 124.ᵏ et 157

Kilogr. de Farine

Rendement

en Son et Déchet pour chacun

de ces poids.

Pour 88 Kilog. de Farine.

Poids de l'hectol.	Quantité de Litres	Quantité de Kilog.	Rendement en Son.	Déchet.
65	219.24	142.50	52.31	2.19
66	212.41	140.19	50.07	2.12
67	206.55	138.38	48.32	2.06
68	200.32	136.21	46.21	2. "
69	194.56	134.24	44.30	1.94
70	189.04	132.32	42.43	1.89
71	183.75	130.46	40.63	1.83
72	178.62	128.64	38.86	1.78
73	173.82	126.88	37.15	1.73
74	169.14	125.17	35.48	1.69
75	164.67	123.50	33.86	1.64
76	160.33	121.85	33.25	1.60
77	156.25	120.29	30.73	1.56
78	152.25	118.75	29.23	1.52
79	148.42	117.25	27.77	1.48
80	144.73	115.78	26.30	1.44
81	141.18	114.35	24.44	1.41
82	137.72	112.93	23.56	1.37
83	134.45	111.60	22.26	1.34
84	131.28	110.27	20.96	1.31

Pour 100 K.ᵒˢ de Farine.

Poids de l'hectol.	Quantité de Litres.	Quantité de Kilogs.	Rendement en Sous.	Déchet.
65	259.14	161.94	59.45	2.49
66	241.38	159.31	56.90	2.41
67	234.72	157.26	54.92	2.34
68	227.64	154.79	52.52	2.27
69	221.09	152.55	50.34	2.21
70	214.82	150.37	48.29	2.08
71	208.81	148.25	46.17	2.06
72	203.05	146.19	44.16	2.03
73	197.52	144.18	42.21	1.97
74	192.22	142.24	40.32	1.92
75	187.13	140.34	38.47	1.87
76	182.22	138.48	36.66	1.82
77	177.53	136.69	34.92	1.77
78	173.01	134.94	33.21	1.73
79	168.66	133.24	31.56	1.68
80	164.47	131.57	29.93	1.64
81	160.43	129.93	28.33	1.60
82	156.50	128.33	26.77	1.56
83	152.79	126.80	25.28	1.52
84	149.18	125.31	23.82	1.49

Pour 122 Kilogs de Farine.

Poids de l'hectol	Quantité de Litres.	Quantité de Kilogs	Rendement en Pains.	Déchet
65	303.93	197.56	72.53	3.03
66	294.49	194.36	69.42	2.94
67	285.25	191.78	66.92	2.86
68	277.72	188.84	64.08	2.76
69	269.73	186.11	61.42	2.69
70	262.02	183.45	58.83	2.62
71	254.75	180.87	56.33	2.54
72	247.72	178.35	53.83	2.47
73	240.98	175.91	51.51	2.40
74	234.31	173.38	49.04	2.34
75	228.30	171.22	46.94	2.28
76	222.30	168.94	44.72	2.22
77	216.59	166.77	42.61	2.16
78	211.07	164.63	40.52	2.11
79	205.76	162.54	38.49	2.05
80	200.65	160.52	36.52	2.„
81	195.72	158.53	34.58	1.95
82	190.33	156.56	32.66	1.90
83	186.41	154.92	31.06	1.86
84	182.„	152.88	29.06	1.82

Pour 124 Kilogs de Farine.

Poids de l'hectol.	Quantité de Litres	Quantité de ritage	Rendement en Sous	à cher.
65	303.93	200.80	73.72	3.08
66	299.31	197.54	70.55	2.99
67	291.05	195. ,	68.09	2.91
68	278.70	189.51	62.73	2.78
69	274.15	189.16	62.42	2.74
70	266.38	186.46	59.80	2.66
71	258.92	183.83	57.25	2.58
72	251.78	181.28	54.77	2.51
73	244.93	178.79	52.35	2.44
74	238.36	176.38	50: ,	2.38
75	232.04	174.03	47.77	2.32
76	225.95	171.72	45.47	2.25
77	220.14	169.50	43.30	2.20
78	214.54	167.34	41.10	2.14
79	209.14	165.22	39.13	2.09
80	203.94	162.79	36.76	2.03
81	192.94	160.78	34.80	1.98
82	194.06	159.12	33.18	1.94
83	189.47	157.26	31.37	1.89
84	184.98	155.13	29.34	1.84

Pour 157 Kilogs de Farine.

Poids de l'hectol.	Quantité de Litres	Quantité de Kilogs	Rendement en Son	Déchet
65	391.15	254.24	93.33	3.91
66	378.97	250.12	29.34	3.78
67	368.51	246.90	26.22	3.68
68	357.40	243.03	22.46	3.57
69	347.11	239.50	79.03	3.47
70	335.27	236.08	75.71	3.37
71	327.83	232.75	72.48	3.27
72	318.79	229.52	69.34	3.18
73	310.12	226.38	66.28	3.10
74	301.79	223.32	63.31	3.01
75	293.80	220.35	70.42	2.93
76	286.08	217.42	57.56	2.86
77	278.73	214.61	54.23	2.78
78	271.63	211.87	52.16	2.71
79	264.80	209.19	49.55	2.64
80	258.22	206.57	46.99	2.58
81	251.88	204.02	44.51	2.51
82	245.70	201.47	42.02	2.45
83	239.89	199.10	39.71	2.39
84	234.21	196.73	37.39	2.34

Rendement en Pain

depuis 1 Kilog de Farine

jusqu'à 157 Kilog.

Rendement en Pain.

Nos		Nos		Nos	
1	1.28	19	24.32	37	47.36
2	2.56	20	25.60	38	48.64
3	3.84	21	26.88	39	49.92
4	5.12	22	28.16	40	51.20
5	6.40	23	29.44	41	52.48
6	7.68	24	30.72	42	53.76
7	8.96	25	32. „	43	55.04
8	10.24	26	33.28	44	56.32
9	11.52	27	34.56	45	57.60
10	12.80	28	35.84	46	58.88
11	14.08	29	37.12	47	60.16
12	15.36	30	38.40	48	61.44
13	16.64	31	39.68	49	62.72
14	17.92	32	40.96	50	64. „
15	19.20	33	42.24	51	65.28
16	20.48	34	43.52	52	66.56
17	21.76	35	44.80	53	67.84
18	23.04	36	46.18	54	69.12

Rendement en Pain.

Kᵒˢ		Kᵒˢ		Kᵒˢ	
55	70.40	73	93.44	91	116.48
56	71.68	74	94.72	92	117.76
57	72.96	75	96. „	93	119.04
58	74.24	76	97.28	94	120.32
59	75.52	77	98.56	95	121.60
60	76.80	78	99.84	96	122.88
61	78.08	79	101.12	97	124.16
62	79.36	80	102.40	98	125.44
63	80.64	81	103.68	99	126.72
64	81.92	82	104.96	100	128. „
65	83.20	83	106.24	101	129.28
66	84.48	84	107.52	102	130.56
67	85.76	85	108.80	103	131.84
68	87.04	86	110.08	104	133.12
69	88.32	87	111.36	105	134.40
70	89.60	88	112.64	106	135.68
71	90.88	89	113.92	107	136.96
72	92.16	90	115.20	108.	138.24

Rendement en Pain.

K		K		K	
109	139.52	127	162.56	145	185.60
110	140.80	128	163.84	146	186.88
111	142.08	129	165.12	147	188.16
112	143.36	130	166.40	148	189.44
113	144.64	131	167.68	149	190.72
114	145.92	132	168.96	150	192. „
115	147.20	133	170.24	151	193.28
116	148.48	134	171.52	152	194.56
117	149.76	135	172.80	153	195.84
118	151.04	136	174.08	154	197.12
119	152.32	137	175.36	155	198.40
120	153.60	138	176.64	156	199.68
121	154.88	139	177.92	157	200.96
122	156.16	140	179.20		
123	157.44	141	180.48		
124	158.72	142	181.76		
125	160. „	143	183.04		
126	161.28	144	184.32		